土家族的发展与山与水有着不解之缘。远古时期，土家族先民首领廪君，率赤、黑二穴兄弟，生长于武落钟离山，发展于夷水，逆水而上至盐阳，灭盐水女神，奠定了土家族父系氏族时期部落联盟的基础；先秦时期，楚国国君所颁发的水陆通行证“鄂君启节”，其航行路线涉及澧水、沅水而进武陵。

国家出版基金项目

走近中国少数民族丛书

主　编/丹珠昂奔

土家族

Tujiazu

罗中　罗午　著

辽宁民族出版社

图书在版编目（CIP）数据

土家族 / 罗中，罗午著. 一沈阳：辽宁民族出版社，2014. 12（2020.5重印）

（走近中国少数民族丛书 / 丹珠昂奔主编）

ISBN 978-7-5497-0950-2

Ⅰ. ①土…　Ⅱ. ①罗…　②罗…　Ⅲ. ①土家族 — 民族历史 — 中国　②土家族 — 民族文化 — 中国　Ⅳ. ①　K287.3

中国版本图书馆CIP数据核字（2014）第310815号

走近中国少数民族丛书 · 土家族

ZOUJIN ZHONGGUO SHAOSHU MINZU CONGSHU · TUJIAZU

丛书策划 / 李凤山

出版发行者：辽宁民族出版社
地　　址：沈阳市和平区十一纬路25号　邮编：110003
印 刷 者：晟德（天津）印刷有限公司
幅面尺寸：170mm×240mm
印　　张：13
字　　数：190千字
出版时间：2014年12月第1版
印刷时间：2020年5月第2次印刷
责任编辑：李凤山　吴昕阳　李　璜
封面设计：杜　江
责任印制：杨　雪
责任校对：边京爱

标准书号：ISBN 978-7-5497-0950-2
定　　价：38.00元

网　址：www.lnmzcbs.com　　邮购热线：024-23284335
淘宝网店：http：// lnmz2013.taobao.com
如有印装质量问题，请与出版社联系调换　联系电话：024-23284340

《走近中国少数民族丛书》编辑委员会

《走近中国少数民族丛书》作者名录

《蒙古族》 萨仁图娅（蒙古族）

《回族》 许宪隆（回族） 张龙（汉族）

《藏族》 丹珠昂奔（藏族）

《维吾尔族》 艾克拜尔·吾拉木（维吾尔族）
买力克·买买提（维吾尔族）
伊利迪尔（维吾尔族）

《苗族》 石莉芸（苗族） 李云兵（苗族）

《彝族》 陈国光（彝族）

《壮族》 黄佩华（壮族）

《布依族》 周国炎（布依族）

《朝鲜族》 黄有福（朝鲜族）

《满族》 于今（满族）

《侗族》 杨筑慧（侗族）

《瑶族》 玉时阶（壮族）

《白族》 董建中（白族）

《土家族》 罗中（土家族） 罗午（土家族）

《哈尼族》 朱志民（哈尼族） 李泽然（哈尼族）

《哈萨克族》 艾克拜尔·米吉提（哈萨克族）
伊拉达·拉音别克（哈萨克族）

《傣族》 赵瑛（傣族）

《黎族》 罗文雄（黎族）

《傈僳族》 鲁建彪（傈僳族） 欧光明（傈僳族）

《佤族》 郭锐（佤族）

《畲族》 钟亮（畲族）

《台湾少数民族》 林华（台湾少数民族）

《拉祜族》 苏翠薇（拉祜族）

《水族》 韦学纯（水族）

《东乡族》 马兆熙（东乡族） 马自祥（东乡族）

《纳西族》 白庚胜（纳西族） 孙淑玲（汉族）
白羲（纳西族）

《景颇族》 金黎燕（景颇族）

《柯尔克孜族》 阿地里·居玛吐尔地（柯尔克孜族）

《土族》 祁进玉（土族） 东永学（土族）

《达斡尔族》 毅松（达斡尔族）

《仫佬族》 黎学锐（仫佬族） 黎炼（仫佬族）

《羌族》 雍继荣（羌族） 罗吉华（羌族）
周发成（羌族）

《布朗族》 陶玉明（布朗族）

《撒拉族》 马成俊（撒拉族） 马建新（撒拉族）

《毛南族》 韩德明（汉族）

《仡佬族》 周小艺（仡佬族）

《锡伯族》 阿苏（锡伯族） 盛丰田（锡伯族）
何荣伟（锡伯族）

《阿昌族》 们发延（阿昌族） 张斯齐（蒙古族）

《普米族》 朱凌飞（汉族） 杨周明（普米族）

《塔吉克族》 西仁·库尔班（塔吉克族）
阿力木江·西仁（塔吉克族）

《怒族》 李月英（傈僳族） 张芮婕（傈僳族）

《乌孜别克族》 古丽巴努木·克拜吐里（维吾尔族）

《俄罗斯族》 乃珂热曼·依布拉音（塔吉克族）

《鄂温克族》 黄任远（汉族） 那晓波（鄂温克族）

《德昂族》 袁丽华（汉族） 王燕（汉族）

《保安族》 马少青（保安族）

《裕固族》 董潇红（裕固族） 王政德（藏族）

《京族》 吕俊彪（汉族）

《塔塔尔族》 卡米力·库尔马尤夫（塔塔尔族）

《独龙族》 李金明（独龙族）

《鄂伦春族》 王为华（汉族）

《赫哲族》 黄任远（汉族）

《门巴族》 陈立明（汉族） 张媛（汉族）

《珞巴族》 陈立明（汉族） 李锦萍（汉族）

《基诺族》 朱映占（汉族）

总序

中国是一个统一的多民族国家。几千年来，有着悠久历史和灿烂文化的少数民族，与汉族一道，在中华大地上繁衍生息，共同开发着这块土地，建设、发展、捍卫着这个古老而伟大的国家。各民族都是兄弟，相互离不开，都是这个国家的主人。习近平总书记在第二次中央新疆工作座谈会上发表重要讲话，指出："要坚定不移坚持党的民族政策、坚持民族区域自治制度。民族团结是各族人民的生命线。要高举各民族大团结的旗帜，在各民族中牢固树立国家意识、公民意识、中华民族共同体意识，最大限度团结依靠各族群众，使每个民族、每个公民都为实现中华民族伟大复兴的中国梦贡献力量，共享祖国繁荣发展的成果。各民族要相互了解、相互尊重、相互包容、相互欣赏、相互学习、相互帮助，像石榴籽那样紧紧抱在一起。""要在各族群众中牢固树立正确的祖国观、民族观，弘扬社会主义核心价值体系和社会主义核心价值观，增强各族群众对伟大祖国的认同、对中华民族的认同、对中华文化的认同、对中国特色社会主义道路的认同。"因此，坚持平等、团结、互助、和谐的社会主义民族关系，不断增进了解，深化友谊，建立牢不可破的感情基础，是中国社会转型期、改革攻坚期、矛盾多发期保持社会稳定、发展的基本要求，也是实现中华民族伟大复兴的中国梦的基本要求。

为了进一步宣传我国少数民族的历史文化和民族风情，增强对少数民族的认识，宣传党的民族政策和方针，加深对党的民族政策的理解，加强各民族之间的了解与沟通，让读者了解少数民族，中华人民共和国国家民族事务委员会文化宣传司和辽宁民族出版社共同组织了《走近中国少数民族丛书》。

《走近中国少数民族丛书》的编写有以下三个特点：第一，采用图文并茂的形式、鲜活生动的语言、特色浓郁的图片与丰富的民族常识链接，向读者展示我国55个少数民族的历史渊源、民族变迁、社会生活、文化艺术、风俗习惯、历史人物和民族区域自治政策的伟大实践。第二，作者多为本民族的专家学者和与民族研究工作相关的专家学者，对自己撰述的对象既有深厚的知识积累，也有真挚的情感。第三，内容彰显了历史与现实、民族文化与地域文化、民族区域自治地方与散杂居地区少数民族生产生活的多彩画卷和轨迹，引导读者走近少数民族，聆听他们的古老传说，感受他们的发展变化，加深彼此的沟通和了解。这套《走近中国少数民族丛书》是面向民族干部和各级干部通览我国少数民族概况的普及读本，也是图书馆的必备藏书。

《走近中国少数民族丛书》所揭示的每一个民族的历史，都承载着这个民族的文化，也承载着这个民族的发展和未来。中华大地孕育的55个少数民族多彩斑斓的民族文化，同汉族文化一道从远古走到今天，汇入了中华文化壮阔的历史长河。“共同团结奋斗，共同繁荣发展”，保护、传承和弘扬少数民族优秀文化，不仅是推动我国民族团结进步事业的重要内容，也是构建和谐社会、实现中华民族伟大复兴的中国梦的重要使命。期待通过《走近中国少数民族丛书》，使广大读者徜徉于少数民族多彩风情的同时，更加深刻地了解和认知中华民族多元一体的文化内涵，感受中华民族悠久历史的深远与厚重。

丹珠昂奔

2014年6月26日

前言

土家族 古老而又年轻的“毕兹卡”

这是一个历史悠久值得尊重的古老民族，其口碑相传的叙事史诗所载的史实，经考古文物和史籍的印证，信史可追溯至远古时代与洪荒时期。

这是一个初沐朝阳值得羡慕的年轻民族，经20世纪50年代初始的民族识别，到1957年国家的最终确认，其法定民族的“族龄”，迄今还不足60年。

这古老而又年轻的少数民族就是土家族。在我国56个民族之中，“土家”是为数不多、族称含义一目了然的少数民族之一。“土生土长，世地世家”，这直白得不需任何解释的族称，不仅仅宣示着自己是自古以来立足于这块土地的主人，还包含着土家人对生于斯长于斯故土的深情，寄托着土家人对养于斯育于斯热土的眷念。

这块土地位于我国广阔地域东、西部分自然分界线上的中段，居于洞庭湖平原、江汉平原和四川盆地之间。自西南而来的云贵高原，其末端在这里向东北方向顽强地撑起了一片平均海拔800余米、绵延400余千米，横跨湘、鄂、川（渝）、黔四省边区的高地，这一高地自汉朝初肇造就拥有了一个沿袭不变的地名，曰“武陵”。自此以后，其山曰武陵、其郡名武陵、其县称武陵、其区亦武陵、其人自然也唤武陵。《说文解字》曰：“夫武，定功戢兵，故止戈为武。”《诗经》曰：“高平为陵。”“武陵”即没有战争的一块高地。这座位于中国东部与西部自然分界线上的祥和岛，因东晋陶渊明的《桃花源记》，成为人们躲避乱世向往的世外桃源。千百年来，武陵山区沧海桑田，斗转星移。变换的是政权更替的郡县名，不变的是世代沿袭的武陵人，相传的是多姿多彩的民族风，感叹的是流水的王朝铁打的民。与山中其他民族一样，武陵山以丰饶的物产养育了土家人，土家人以勤奋的劳作回报着武陵山。

武陵山区，群峰耸立、层峦叠翠。其间既有俯瞰黔楚的梵净山、凌霄三湘的壶瓶山、神秘莫测的天子山、石门洞穿的天门山、睥睨八方的八面山等构成的奇绝的风景胜地，也有莽莽苍苍的天平山、云蒸霞蔚的斗篷山、婀娜多姿的七姊妹山等所蕴藏的丰富的自然资源；而廪君诞生的武落钟离山、八部大王安家的黔山、驩兜放逐的崇山、张良隐居的青岩山、八仙驻足的吕洞山，更以神秘的民族风情，让世人神往、史家叨念。梦一般的山，谜一般的山。大山的隔离，大山的哺养，造就了大山般多彩的文化，孕育了大山般粗犷的人们。一个随武王伐纣，因“歌舞以凌殷人”而横空出世，用如诗如画、亦歌亦舞的“梯玛神歌”和“摆手舞”展现其品质、述说其文明、延续其血脉的蛮属部族，于荒蛮、粗犷、剽悍、野性和原始的浪漫之中，世代繁衍，生生不息，终至发展成为今天的一个现代民族。

土家族生活区域不仅多山，也多河流山溪。自云贵高原奔腾而下的乌江、沅水，以梵净山为分水岭，自南、北两侧注入长江，将武陵山围绕其中。发源于武陵山中的清江、酉水、澧水、武水、唐崖河等母亲河，于流淌的河道千折百回弯弯曲曲盼顾中，造就了宜耕宜居的一个个坝子，养育了土家族。在漫山的森林翠绿欲滴层层叠叠遮蔽下，留驻了甘甜可口的一汪汪清泉，滋润着武陵山。

土家族的发展与山水有着不解之缘。远古时期，土家族先民首领廪君，率赤、黑二穴兄弟，生长于武落钟离山，发展于夷水，逆水而上至盐阳，灭盐水女神，奠定了土家族父系氏族时期部落联盟的基础；先秦时期，楚国国君所颁发的水陆通行证“鄂君启节”，其航行路线涉及澧水、沅水而进武陵。秦汉时期，中央王朝因酉水、澧水、清江之便利，在土家地区设立了黔中郡、洞庭郡、武陵郡；东汉时期，伏波将军马援溯澧、沅二水征武陵蛮，被阻于壶头山下，马革裹尸而还；五代时期，土家族首领彭士愁率溪、锦、奖三州蛮兵，自酉水、澧水乘舟而下，进而攻辰州、澧州，退而守锦、奖深山，迫使楚文昭王马希范与之盟誓和约，铭于“溪州铜柱”之上，奠定了土家族土司八百年历史的基础和朝廷认可的土家族生活区域……不论中央王朝势力进入土家族所控制的区域，还是土家族强宗大姓向外发展；不论是土家木排乘风破浪下长江、出洞庭，还是汉族木船成群结队进五溪、入武陵。山似敞开的怀抱，河似友谊的彩带，将土家族与内地、与其他民族紧密联系在一起。

集古老的历史与年轻的命名互为矛盾于一体的土家族，还有许多互为矛盾的未解之谜：敬与忌共存的白虎崇拜；悲与喜结合的结婚仪式；同姓可婚与异姓不婚的血亲辨别；初始让人惊恐、结局使人欢乐的“赶年”；无书的“藏书洞”与有简的老古井；其意明了的“土家族”汉称与不知其意的“毕兹卡”自称……这一切，至今仍是有人究、无人解的千古之谜。

晋代常林《义陵记》云：“项羽弑义帝于郴，武陵人缟素哭于招屈亭，高帝闻而义之，故曰义陵郡。”因武陵人的恩义，武陵郡曾一度改名为义陵郡。土家族继承了武陵人感恩重义的传统，知恩必报。他们会牢记新中国使其民族获得新生，他们会牢记改革开放带来的富裕，他们会牢记四任总书记进入土家山寨，他们会跟着共产党勇往前进。

让我们走近少数民族，走近土家族，探索他们的过去、了解他们的现在、展望他们的未来。古老而又年轻的“毕兹卡”，将在实现中华民族伟大复兴“中国梦”的道路上，再现灿烂的青春。

目录

第一章
从“毕兹卡”到土家族

1950年9月，不足20岁的“毕兹卡”姑娘田心桃，在武汉列席中南军政委员会第二次会议时，因“毕兹卡”民族当时尚未得到国家的确认，她的代表证上填写了其外祖母“辟卡”（土家语，苗族之意）的民族身份。但她万万没有想到的是：以“辟卡”代表身份与会的“毕兹卡”姑娘，又成为少数民族观光团成员，前往北京参加中华人民共和国建国一周年庆典。田心桃的武汉、北京之行，向世人掀开了“毕兹卡”的神秘面纱，促成了长达七年之久，波澜起伏、峰回路转的土家族民族识别。在湖南省、中南局、中央统战部的持续关心和直接部署下，经专家学者及“毕兹卡”的共同努力，古老的“毕兹卡”拥有了自己法定的汉称——土家族，成为了中华民族大家庭中的一员。

"毕兹卡"进北京城：田心桃与土家族识别

在我国55个少数民族中，土家族的民族确认最富有传奇色彩，其起因竟然是庆祝中华人民共和国建国一周年少数民族观礼代表的"误认"："毕兹卡"（土家族自称）姑娘田心桃以"辟卡"（土家语对"苗族"的称呼）代表的身份走进了北京城。但也正因为这一"误认"，拉开了漫长而曲折的土家族民族识别的序幕。

土家女儿田心桃

1949年10月，地处湘西的永顺县迎来了解放，各族人民兴高采烈地聚集在永顺县城的大街小巷，欢欣鼓舞地"迎接解放"。时任县郡联立中学教师的土家女青年田心桃，也满怀欣喜积极地参加到"迎接解放"的各项活动之中，由此认识了中国人民解放军一四一师政治部主任李侃。李侃主任虽是一个军人，但对历史研究颇有造诣。在进入湘西之前，他为了更好地开展民族工作，重点了解了一些湘西的民族构成和民风民俗。当他在县郡联立中学宣传党的民族政策的活动中，听到田心桃老师对"毕兹卡"即"土家人"语言和风俗习惯的介绍后，即对这个以前尚未听说过的自称为"毕兹卡"、而汉称为"土家"的民族群体极为关注，对充满着民族自豪感的田心桃也留下了深刻的印象。

1950年8月，田心桃到当时湘西行署所在地沅陵县参加中学教师培训。也许这仅仅是一个巧合，但却成为历史发展的必然，她在沅陵县城又遇上了李侃主任。李侃将这个"土家人"引见给了湘西行署王含馥主任。王主任听取了田心桃对"土家"的全面介绍之后，极为重视，马上开出介绍信，让田心桃去长沙，给湖南省民政厅作汇报。

9月初，田心桃抵达长沙，在省民政厅先后向钟生盛处长、马子谷副厅长、陈再励厅长作了汇报，并当场把办公室里各种物品一一翻译成土家语。田心桃的汇报让民政厅领导意识到，“土家”可能是一个尚未被外人所知的少数民族。为了让所有的已知或未知的少数民族都能享受到新建立的中华人民共和国民族政策所赋予的各项政治权利，省民政厅决定让田心桃作为少数民族代表去列席中南军政委员会第二次会议。

几天后，省民政厅钟处长和中南局的徐处长带着田心桃来到了中南局所在地汉口市。在填写会议代表证族别时遇到了难题，因土家族尚未得到国家的正式确认，填“土家族”是不合法的，填“土家人”又不是国家确认的真正的民族名称。最后，鉴于田心桃的外祖母是苗族，就先让其以苗族代表的身份参加会议。在为期半个月的会议中，田心桃不仅仅在各种讨论会上介绍“土家人”，还利用中南局领导参会的机会，先后向邓子恢、张执一、钱英、赵毅敏、张平化等汇报土家语言、自称、风俗习惯等基本情况。

中国人民解放军四十七军政治部原主任李侃

《长江日报》于9月17日、21日、22日连续报道了对田心桃的采访。因此，各部门和各级领导对“土家人”有了一定的了解和认识。时任湖南省省长的王首道，也利用会议休息时间，与包括“土家”在内的湖南各少数民族代表一一交谈，听取各少数民族代表的心声和要求。在田心桃的努力下，中南局、湖南省、湘西行署的各级领导和相关部门知道了“土家”这一民族群体，了解了“土家人”的民族诉求。

1950年9月28日，田心桃作为庆祝中华人民共和国建国一周年中南区少数民族观礼团代表，随团抵达北京，在前门车站，受到了林伯渠、李维汉、乌兰夫等中央领导及中央民族学院各民族学生的热烈欢迎。29日晚，政务院总理周恩来在北京饭店宴请各

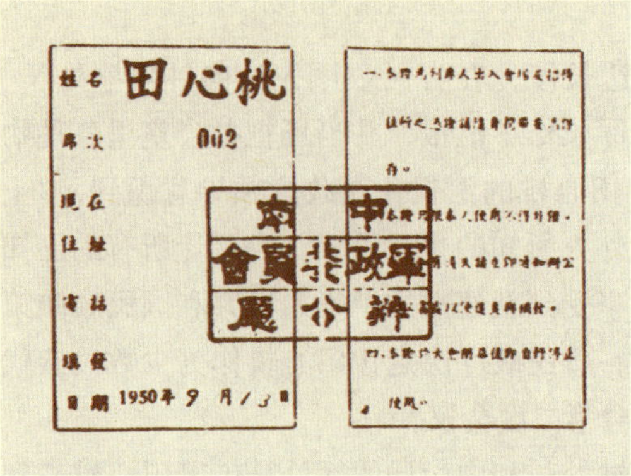
姓名 田心桃
席次 002
现在住址
电话
发证日期 1950年9月13日
中南军政委员会办公厅

中南军政委员会第二次全体委员会议列席证（内芯）

民族代表，当周总理逐一与各民族代表握手相见时，中南代表团潘琪团长对田心桃的介绍是：“田心桃代表，外祖母是苗族，祖父母是土家。”这是“土家”称呼第一次在国家级的宴会上出现。宴会中，田心桃与中央人民政府秘书长林伯渠一席。当同席佳宾相互介绍时，田心桃很自然地说：“我是毕兹卡，是土家。”林伯渠十分关切地询问了“毕兹卡”的含义与“土家”的基本情况。30日晚上，中央人民政府主席毛泽东及刘少奇、朱德、宋庆龄、张澜、李济深5位副主席，再次在北京饭店宴请各少数民族代表。毛主席与5位副主席站在大厅中央，逐一接见各位代表，潘琪团长再次介绍了田心桃是“土家”。土家族当时虽未得到确认，但田心桃作为其代表，出席了国家最高级别的宴会，充分体现了新中国建立之初，党和政府对少数民族的重视。

田心桃同志
中国人民政治协商会议全国委员会

中国人民政治协商会议全国委员会函件

知识链接 **少数民族观光团活动** 参加天安门广场国庆节观礼；各民族代表给党中央、毛主席敬献礼物；民族政策报告会；各民族座谈会；各民族大联欢；毛主席、党中央回赠少数民族礼品的欢送会等。

作为苗族代表正式身份的田心桃，在参加观光团的活动中，始终没有忘记自己是一个“土家”，是“毕兹卡”。她时时想着如何确认土家为单一民族。10月14日，作为国庆观礼一个重要的内容——民族座谈会召开了。中共中央统战部、中央民族事务委员会的领导及北京相关高等院校、科研单位的历史学、民族学、语言学等学科的专家教授与各地少数民族观礼团代表共同参加了这次民族研究盛会。田心桃在座谈会上对“毕兹卡”的介绍得到了中央的高度重视，特派中央民族学院民族文物室主任杨成志教授对田心桃进行专访。田心桃按杨教授的要求，将人体四肢五官、亲属称谓、族称人名、数词代词、衣帽服饰、动物植物、山川天地等名称用“毕兹萨”（土家语）说出；介绍了“土家”的风俗

◀ 田心桃指导编织西兰卡普

习惯和宗教礼仪；还将其父亲专门从家乡寄来的土家服装、银首饰、西兰卡普（即挑花编织的被面）、挑花腰带等工艺品展示给杨教授看，对少数民族文物深有研究的杨教授对精湛的土家工艺品赞不绝口，就这次专访写了专题研究报告。10月20日，中央民族事务委员会为了研究各少数民族语言，专拟了一篇文章，要求各民族代表用本民族语言念出，由中国科学院语言研究所录音保存。为田心桃录音的是语言研究所所长罗常培教授，当罗教授听完田心桃的土家语录音后，当即表示“土家语是属于藏缅语族的语言”。在北京观礼期间，田心桃还专门找了时任中南局委员、中央民族事务委员会委员的湘西凤凰县老乡、老红军朱早观将军，希望中央尽快调查土家情况，确认土家为单一的少数民族。朱早观将军向中央有关单位转达了田心桃代表的要求。

观礼结束后不久，田心桃被保送到中国人民大学教育专科进修，1951年秋毕业后被分配至中南民族学院任教。在国庆两周年之时，她以土家代表的身份在武汉市出席了庆祝大会。1952年，中南民族学院举办第二期民族干部培训班，中南局指定湖南省应送土家学员来培训，使这一期培训班有了5名土家学员。同年，中南局决定给“土家”少数民族待遇，与当地的苗族一样，减免了当年应上交的公粮；对“土家”是否是一个单一少数民族的调查研究也相应地全面展开。

专家教授进武陵：土家民族成分的确认

1952年，中山大学严学窘教授应中南局的要求，对“土家”进行专题调查。严教授首先在中南民族学院让田心桃用土家语说出自然、地理、动物、植物、建筑、服饰、食品、交通、工具、亲属称谓、人体名称、行为动词、数词、代词等词汇，他用国际音标详细记下。随后他亲赴土家生活地区，经过13天的实地考察，写出了《湖南龙山土家族初步调查报告》，报告从人口和分布地区、历史来源、风俗习惯、民族关系、社会形态、语言特征等各个方面，对土家进行了全面研究，认为从“获得的材料，确实可以判断土家族为少数民族”。这是最早的专家学者明确认为土家是少数民族的结论。在土家族族源上，严学窘教授认为“土家可能是古代北僚的板楯或廪君蛮的遗民”。

1953年元月，中南局组织了以统战部部长张执一为团长的少数民族访问团，对中南局内各少数民族进行访问，“土家”也成为被访问的少数民族之一。田心桃作为访问团的成员，在自己的家乡代表土家人民向访问团赠送了土家最珍贵的礼品西兰卡普，表达了土家人民对访问团的感谢。访问结束后，中南局为了扩大党的民族政策的宣传，于5月在汉口中山公园举办了中南少数民族文物图片展览，土家与其他少数民族一样设立了展览室，其土家人物石膏像是按田心桃身穿民族服装的形象塑造的。在中南民族学院学习的5名学员彭凯、彭南清、彭良富、向正荣、彭清海，身穿本民族服装担任了讲解员。这次展览扩大和加深了人们对“土家”的认识和了解。

1953年9月，中央民族学院研究部汪明瑀教授在田心桃的带领和协助下，对龙山、永顺、保靖三县进行实地考察后，提交了《湘西土家概况》调查报告，从人口分布、经济生活、社会组织、风俗习惯和宗教信仰、民族关系的角度，以文字和图表的形式对考察区域的土家做了详细介绍，虽然土家族历史不是该调查

报告考察的内容，但在其“社会组织”部分提出了如下观点：

历史上凡是设有土官或土司的地区都是少数民族地区。而就现在土家地区论，从东汉到元代一向是有土官的，从元代到清初一贯是有土司的……据龙山县人传说，最初，本地老蛮头吴着冲，聘请江西吉水县汉人彭氏为助理，彭氏以私恩结人，日渐强盛，其后人彭瑊谋逐吴着冲，取得了溪州统治权。

实际上涉及了土家族族源土著说与江西说。

1954年，王静如教授从语言学角度撰写了《关于湘西土家语的初步意见》，在将土家语与藏缅语族的彝语、傈僳语、景颇语、藏语，苗瑶语族的苗语、瑶语、仡佬语，侗傣语族的布依语、壮语、傣语、侗语等语言对比研究后，认为土家语“不属于汉语，更不是汉语的方言；也不是苗瑶语族的语言（包括和土家邻居的湘西苗及仡佬）；又不是侗傣语族的语言（包括和土家较远居的布依）。湘西土家语乃是在汉藏语系中属于藏缅语族，比较接近彝语的语言，甚至于可说是彝语支内的一个独立语言”。因彝族生活于云南、四川、贵州三省交界处，王静如先生的意见将土家族族源研究导向了西南，为土家族源乌蛮说提供了依据，土家与彝的关系成为族源研究的一个重要方面。王静如先生的论文为土家族的最后确认提供了有力的语言证据。

▲

铜雕——毕兹卡之歌

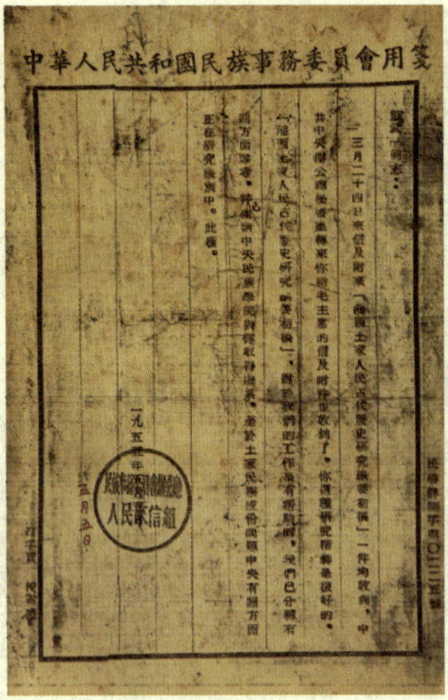
中華人民共和國民族事務委員會用箋

彭武一同志：

三月二十四日來信及附來「湘西土家人民古代歷史研究摘要初稿」一件均收到，中共中央辦公廳轉來你給毛主席的信及附件也收到了。你調查研究精神是很好的。「湘西土家人民古代歷史研究摘要初稿」，對於我們的工作是有幫助的，我們已分轉有關方面參考，並函請中央民族學院與你取得聯系。至於土家民族成份問題中央有關方面正在研究處理中。此復。

一九五五年五月五日

民族事務委員會辦公廳人民來信組

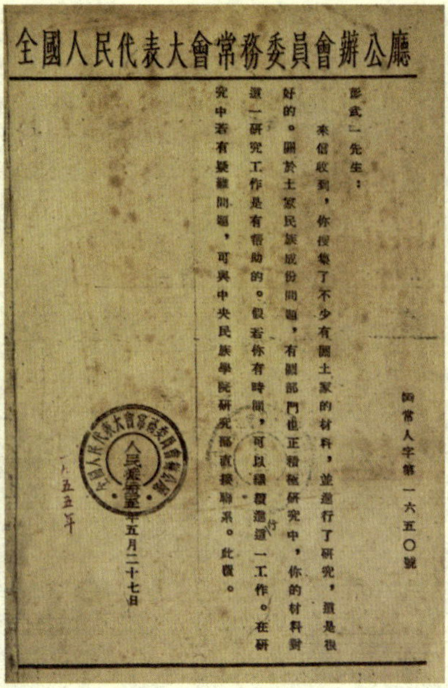
全國人民代表大會常務委員會辦公廳

(常人字第一六五〇號)

彭武一先生：

來信收到，你搜集了不少有關土家的材料，並進行了研究，這是很好的。關於土家民族成份問題，有關部門也正積極研究中，你的材料對這一研究工作是有幫助的。假若你有時間，可以繼續進行這一工作。在研究中若有疑難問題，可與中央民族學院研究部直接聯系。此復。

人民來信室

一九五五年五月二十七日

国家民族事务委员会回复彭武一的函件

全国人大常委会办公厅回复彭武一的函件

1955年，潘光旦教授完成了确认土家族的奠基力作《湘西北的“土家”与古代的巴人》，发表于中央民族学院研究部《中国民族问题研究集刊》第4辑上。在这篇十余万字的论文中，潘先生论述了“‘土家’不应与瑶相混、‘土家’不是苗、‘土家’也不是獠”。从自称、虎与生活、白虎神崇拜、语言、姓氏等方面考证了土家是古代巴人的后裔。该文奠定了土家族族源巴人说的基础，为土家族的最后确认提供了扎实的历史依据。

这一时期，一些土家知识分子也纷纷上书中央，要求承认“土家”为单一的少数民族。据国家民族事务委员会现存的有关资料不完全统计，“从1950年到1956年，中央收到这类信函共64件，其中写给毛泽东主席的10件，给刘少奇的2件，给中共中央监察委员会、最高人民检察院、《人民日报》、《北京日报》的各1件，给中央民族事务委员会的48件。来信署名的共747人（次）”。时任龙山中学教师的彭武一，为“土家”的民族成分得以确认四处奔走。潘光旦先生在访问龙山时，曾用了两天时间专访他，获得了大量土家人有关本民族的社会历史资料。彭武一还执笔撰写了《湘西土家人民古代历史纲要初稿》和《湘西土家语言句法初探》，与广西民族学院的彭泊教授一道，写信给刘少奇委员长，并呈上书稿，请刘少奇委员长提交全国人民代表大会第二次会议讨论。《湘西土家人民古代历史纲要初稿》是土家人自己第一次系统整理的本民族的历史，其族源观点既有巴人说，也有江西说。《湘西土家语言句法初探》则明确认定："土家语在语言学谱系分类法上属于藏缅语族，与彝语支关系密切，而与苗瑶语族、壮侗语族关系疏远。"

对于土家知识分子的这些要求，国家民族事务委员会极为重视，在专家学者们调查研究的相关论证材料和正式结论的基础上，于1955年3月，会同全国人民代表大会民族事务委员会、中央民族学院、中国科学院相关研究所等单位，对"土家"是否是一个单一的少数民族进行专题讨论。这次会议认为土家是一个单独的少数民族，并将研究结果通知给湖南省人民委员会，请他们提出意见。但此时关于"土家"是否能确认为少数民族，在湖南省内部也存在争议，对于这次会议的意见没有回复。

为了彻底解决"土家"的民族识别问题，1956年3月，全国政协民族工作组组长潘光旦先生再赴土家聚居的湘西、鄂西、川东等地进行调查。在湘西吉首、凤凰、花垣、古丈、保靖、永顺、龙山及湖北来凤县进行的为期近40天的实地调查中，他以听取汇报、小型座谈、个别叙话、逢人便谈、接转信件等方式全面了解了"土家"基本状况。将调查所得写成了《访问湘西北"土家"报告》，报告从"土家"人的自称、人口与其聚居程度、语言与其使用程度、汉"土"关系、"土家"人的民族要求等方面论证了"土家"是一个独立的民族。

为了使湖南省不同的意见得到统一，1956年5月，中共中央统战部又组成了以国家民委谢鹤畴司长、湖南省委统战部谢华部长率领的，湘西苗族自治州相关领导和部门参加的中央、省、州联合调查组进入湘西实地调查。联合调查组在永顺、龙山两县对土家语进行了实地调查，记录了1 500多个词汇和1 000多个句子，并将这些词汇与彝语进行了比较研究，其研究结果在《湘西"土家"语言调查报告》中公布：认为"'土家'语言是汉藏语

花垣边城药王洞——原始社会穴居遗址

系、藏缅语族、彝语支的一个独立语言”。“‘土家’语言的基本词汇和语法结构具有彝语支语言的若干基本特点，这就是说‘土家’语和彝语具有一定的亲属关系。”“我们认为‘土家’语不是汉语的方言，而是彝语支的一个独立语言。”这个结论与王静如先生对土家语“是彝语支内的一个独立语言”的观点相同，这些结论与观点为土家族的确认提供了重要证据。时任湖南省委第一书记的周小舟在听取调查组汇报时，听了土家语录音后，当即表态：“就凭这种语言，土家是少数民族，上报中央。”湖南省在土家民族成分的认识上与中央完全达成了一致。

1956年10月，中共中央统战部通知湖南省委，已认定土家为单一民族。11月29日，中共湘西苗族自治州地委呈报了《关于请示批准土家为一个民族的报告》。12月8日，中共湖南省委用电报回复批准了这个报告并上报中央。1957年1月3日，中共中央统战部发出文件，正式确认土家为单一的少数民族，并用加急电报通知了湖南、湖北、四川、贵州等省省委和统战部。被湮没了千年历史的土家族，在中华人民共和国建立后恢复了历史原貌，古老民族获得了新生。

20世纪50年代土家族调查的根本原因是为了落实党和政府的民族政策，是为了确认土家族的民族成分，研究的对象针对性强，研究任务的承担者水平高，主要承担者如罗常培、杨成志、严学窘、潘光旦、王静如、汪明瑀等，都是当时著名的专家学者，他们深厚的学术造诣，严谨的研究方法和不辞劳苦的社会调查，以具有极高学术价值的论著，完成了这次民族识别的任务，他们的研究成果成为确认“土家”为单一民族的主要依据。这几次民族识别的研究成果，为以后的土家族研究保存了大量的第一手实地调查资料，奠定了土家族研究的学术基础。

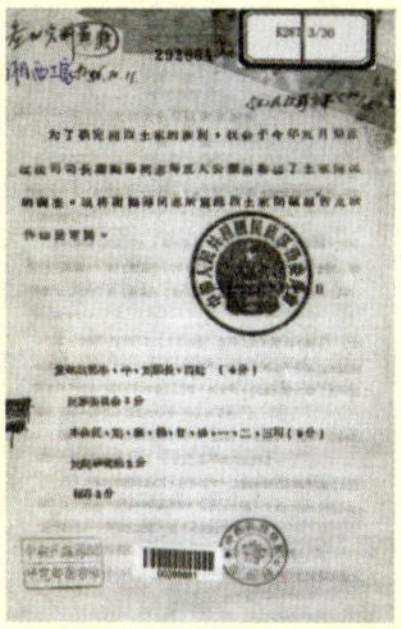

国家民委关于土家民族识别调查报告的送审函

自称与他称：土家族的族称

土家族族称分为自称和汉称两种。

自称

土家族自称为“毕兹卡”，“毕兹”是称呼的本身，其义现已不明；“卡”具有“人”或“族”的含义。由于土家语方言的微小差异，导致了土家族在自称的发音上略有不同：如保靖县土家族自称为“密基卡”；永顺县土家族自称为“毕基卡”；龙山县土家族自称为“比兹卡”。这种差异再加之汉字记音的不同，见之于史籍中就有了毕滋卡、备兹卡、比兹卡、比际卡、密基卡、毕际卡、毕基卡、贝锦卡等不同的记载。这些名称均是因语音的差异而导致了汉文记载的不同，并非是族群的区分。在民族识别社会调查中，还有“卡树卡”“廪卡”的自称，但仅局限于个别村寨，似有家族区别的标志，不具有民族自称的意义。从所操方言的人口多少、使用区域的广泛及研究文章的普遍使用来看，以“毕兹卡”作为土家族自称的标准汉字记音是较为适宜的。

出土文物
铜釜

“毕兹卡”本义的汉译，在20世纪50年代民族识别中，一部分专家学者依据毕兹卡用本民族语言称苗族为“辟卡”，用汉语称为“苗家”，即“邻居的人”；用本民族语言称汉族为“帕卡”，用汉语称为“客家”，即“外来的人”。再结合土家族自称为“毕兹卡”，用汉语称为“土家”这一现象，望文生义，用类比的方式将“毕兹卡”解释为“本地人”。但随着对土家族研究的深入，绝大部分学者不同意这一说法，认为“毕兹卡”是自古以来的族称，而含有“本地人”之意的“土家”，应是在汉族或其他民族大量进入毕兹卡生活区域后，为区别“外来的人”而出现的。因为在外族进入这一区域之前，土著居民不可能，也没有必要用具有区别性质的“本地人”来作为族称。即使以类比的方式来解释，“帕卡”是“外来的人”，作为邻居的“辟卡”，难道就不是“本地人”？更为重要的是，从土家族自称的含义来说，“毕兹卡”中的“卡”具有“人”或“族”之意，而“毕兹”则没有“本地”之意。因此，“毕兹卡”汉译意为“本地人”是不正确的。

知识链接 因地域的不同，土家人相互间的称呼有一定的区别，如龙山、古丈等县土家族称保靖县土家族为“夏卡”或“夏夏卡”，含有“说话带客腔较多的土家人”之意。而保靖土家族称龙山土家族为“虎视卡”，含有“说话较生硬的土家人”之意。这类称呼的出现，与其生活区域及对外交往的疏密有一定的联系。保靖地处酉水中游，交通便利，对外交往相对频繁，语言中外来借词较多，故而说话带了“客腔”。龙山地处大山腹地的酉水上游，交通不便，保存本民族语言较为原始，受外部影响较少，所以说话较“生硬”或“生僻”。这类称呼仅具有划分地域的含义，是土家人族内对特定生活区域者的一种称呼，不是土家族的自称。

在土家族历史研究中，不少学者对土家族自称进行过考释。中央民族学院教授潘光旦先生在对土家人历史进行深入考察研究后，在调查报告《湘西北的“土家”与古代的巴人》中指出：“‘毕兹’是一种特别的网，与这一族类当初的狩猎生产有密切关系，成为生活与文化的一大特色，因此就被采用为本族的标识。”明确地把族称与生产、生活、文化联系在一起，释其义为“用网狩猎的人”。

中国社会科学院民族研究所研究员刘尧汉先生，从土家族源属于羌戎系统的巴人这一观点出发，认为土家人自称“毕兹卡”之“毕兹”，与羌戎图腾名号“伏羲”是一致的。对此，刘尧汉从汉代古籍、图腾崇拜、民族迁徙等几个方面做了论证，将“毕

兹”释为“伏羲”。

吉首大学古汉语教授彭秀模先生在《吉首大学学报》1991年第4期上发表了《艮孽考》一文，从湘西土家族忌白虎这一习俗出发，对史籍所载秦昭襄王时期射杀白虎的板楯蛮史迹，及周代祭祀昭王的“宗周钟”铭文“南国艮孳”进行研究，认为板楯蛮世号为“白虎复夷”，其“复”读音为“毕”，与服、復、艮等字均为德部并母字，上古音完全相同。“复夷”就是“艮孳夷”的简称，也是板楯蛮的自称。随着汉字读音与字形的演化，“艮孳”成为“服兹”，因上古读音相同的原因，“服兹”又被写成“备兹”，今人又写为“毕兹”，将“毕兹”释为“艮孳”。

▲ 王村吊脚楼

◀ 出土文物铜壶

吉首大学历史文化学院副教授罗维庆以土家语与彝语在语法、基本词汇相近属同一语支及“復溪州铜柱记”所载史实为依据，在《民族史研究》第8辑上发表《默部东迁与土家族

▲

王村古街

的定型》论文，认为族称是为了保持对自己发源地的记忆，为了保持对于共同世系的记忆而出现的，就如同今人所说“湖南人”“贵州人”等一样。“毕兹卡”即“毕兹人”，就是古代生活于贵州的“比跻人”或“毕节人”。至迟在元代，史料记载在湖广行省中还有“毕跻人”“比际人”“必际人”活动的史实，今贵州毕节市之名即与这些古族名有关。从贵州《大定县志》等史籍记载中可知，这些古代民族的一些部落，在五代时期就辗转进入了武陵山区。“毕兹卡”中的“毕兹”，就是源于这些“毕跻”“比际”“毕兹”古族名。

以上各种解释均系一家之言，并没有得到普遍认同，随着土家族研究的深入开展，一个为大家所接受的“毕兹”解释终会出现。

汉称

汉称“土家”与自称“毕兹卡”的含义并不等同，存在一定的差异。“土家”是“毕兹卡”在与外界广泛接触中，尤其是在与汉族接触日渐频繁后才逐渐形成的。新中国成立初，在《关于土家问题的调查报告》中曾明确指出，讲土话的自称是“毕兹卡”，而“不会说土话的土家，则自称为‘土家’”。说明了“毕兹卡”与“土家”的不同，即会说毕兹萨（土家话）者为毕兹卡，不会说毕兹萨者才是土家。

1956年，潘光旦先生在湘西七个县进行了为期一个月的考察，在其《访问湘西北“土家”的报告》中，他认为，比兹卡“是和‘土家’之称完全不相干的。‘土家’之称原是外来的”。在潘先生调查访谈的过程中，他了解到部分“土家”人“根本不愿意用这个称呼……他们说：‘我们世代相传是比兹卡，为什么要我们填苗或土家呢？’我以前只知道‘土家’不是他们真正的自称，至于至今天还有人反对这样一个称呼，对我却是更进一步的认识。”直截了当地指明“土家”是他称，是外来者加之于“比兹卡”的汉称。

“土家”是“毕兹卡”的汉称，不是土家族自己族内形成的，而是外部加于“毕兹卡”的。土家族汉称的形成，大致经历了几个历史阶段。

▲

出土文物铜鼎

土人——汉称的萌起 自先秦以来，生活于现土家族生活地域的武陵山区所有人群均被冠上“蛮”的称呼，如“武陵蛮”“五溪蛮”等，这各类“蛮”属包括了今土家、苗、瑶、侗各族，并非是某个民族单一称呼。唐代及以后各朝在这一地区大量地设置了羁縻州，任命蛮酋为各州刺史，借此“感化”各少数民族。五代以后，这些“蛮”属中，出现了被冠以“土”的族群。如北宋的“土兵”“土丁”、南宋的“土人”“土军”等。由于五代以后封建王朝大量使用这些“土丁”“土军”为其服务，“土丁”“土军”已成为一个特殊群体。在封建统治者的意识中，无论从地域或族类来说，他们都不属于蛮类了，明确地将其从“蛮”属中划出。宋人范成大在《桂海虞衡志》中有清楚表述：“今郡县之外，羁縻州峒虽故皆蛮，地犹近省，民供税收，故不以蛮命之，过羁縻则谓之化外真蛮矣。”其生活区域则被称为“熟界”，而“去州县堡寨远，不属王化者，名生界”。生界既为“蛮”生活区域，熟界之民当然就不能称为“蛮”了。既然“不以蛮名命之”，“土”就成为替代之名。于是，有别于“蛮”的“土人”“土兵”“土丁”“土军”就出现了。“土”成为了“故皆蛮”族群新的称呼，“土人”成为“毕兹卡”汉称“土家”最初萌起的原始基础。

土司——族群的聚合 元王朝以边疆直接治理型的宣慰司、宣抚司、安抚司、长官司等，取代前朝所实行的间接治理的羁縻州。由土著酋长执掌本地行政建置，担任宣慰司等职的，称为“土司”。当元代在内地广泛实行行省、路、府、州、县行政建置后，军民同治的宣慰司至长官司的建置多留存于边境之地，“土司”逐渐成为土人任职宣慰司至长官司的专指，形成了土司制度。到了明代，宣慰司、宣抚司、安抚司和长官司完全成为设于少数民族地区行政建置的名称，土司制度最终成熟。

▲

出土文物
铜镜

在土家族形成的历史进程中，土司时期是一个极其重要的发展时期。随着元代土司制度的建立，宋代“土兵”“土军”所形成的强宗大姓分别被授予土司职衔。明朝建立后，这些强宗大姓并不因朝代的更换而失去对所在地域的控制，反而在明王朝健全土司制度的扶持下，统治根基更为牢固。今土家族生活区域，元、明、清时代几乎都是大小土司统辖之地。因土司的影响，在清朝撰写的《桑植县志》《古丈坪厅志》等史志中，将百姓分为军家、客家、土家、民家、苗家、章家各类时，认为土家即为“旧土司治者”，即是说土司统辖下的百姓即土家。虽然这种认识并不一定全面，但土司的统治却使羁縻州时期零散的“土人”“土兵”“土丁”“土军”等，转化成为了相对一体化的“土民”。在土司们为了巩固自己地位、维持对其领地的统治而极力引导下，一种划定族群“边界”以排斥他人的意识相应产生。共同的群体身份、共同的语言区域、共同的宗教信仰亦随之逐渐形成，原属各部落的“土人”逐渐成为一个由民族或种族自己集聚而结合在一起的群体。虽然这种结合的界限在其成员中是无意识的承认，但外界则认为他们是同一体了。

明代土司制度与卫所制度有着紧密的联系。出于戍边的需要，明朝在武陵山区设置了大量卫所，这些卫所不仅仅是明代外省籍军户戍边服役，还将大量土兵编入卫所，据万历《贵州通

补渔网

志》卷十八《兼制志·兵防·湖广》所载，仅镇溪千户所（今湖南省吉首市）的土兵就有694名，加上舍把、舍目10名，总计达704名，占了该千户所编制一半以上，甚至土家族土兵的头领名称“舍把”“舍目”都直接使用于卫所之中，成为卫所部队的官吏名称。明王朝还将土司直接改置为卫所，洪武二年，以添平、台宜长官司之地设添平隘丁千户所，改麻寮长官司为麻寮隘丁千户所，促进了外来卫所军户与本地土司土兵的广泛接触。在地方府县中，明王朝还设置了专职供土人担任，使土司统辖下的土民转化为明王朝直接治理的臣民。这些措施不仅密切了汉民与土民的相互往来，同时也出现了“本地人”与“外来人”的区分，为“土家”汉称的产生和这一逐渐固定化人群的形成奠定了基础。

土家——汉称的形成 “土家”名称出现于清代。有明一代，远离于本土而戍守他乡已数百年的明代卫所军户和土司衙署的流官，因世代传承于戍守之地，实际上早已成为了“本地人”。清王朝取代明后，在汉民族地区强行推行“剃发令”，实行民族同化之时，对武陵山少数民族却网开一面。《保靖县志》载：

时大兵开辟辰州，（保靖宣慰司彭朝柱）乃备册投诚，差舍把彭伦、邱尚仁等赴行营赍投，蒙赐龙牌，许以照旧营职，并有男不披剃、女不改妆等谕。

卫所军户们为了“男不披剃、女不改妆”，隐去了其“军家”的本来身份，以本地人自居，以“土家”自称了。

原设于今土家族地区的永定、九溪、施州、辰州、黔江、西水、镇溪等卫所，一些现在仍自认为“军家”后裔的大姓，如杨、周、汤、吴、罗、龙等，家谱中虽明确记载其原籍为安徽、江苏、江西、湖北等地，明代时因戍边而来武陵山区落业，但现在都已成为了土家族，显然就是外籍卫所军户转而成为“本地人”的明证。这也是把“土家”解释为“本地人”的原因。

清代对土家形成的看法亦是如此，光绪《古丈坪厅志》卷九《民族上》载：

土族者，民族之最古者。民籍之视他籍，自等土著之民。土籍之视民籍，尤土著之土著也。

古之民有二类，一当土官时先汉人至，斩荆棘，驱豺狼，以开此土者，今自称为土著之最先；一则凡汉人之居此以承世者，先至者有八姓，今言绝其二，与土人异时能为土话，以习于土人也。

客族姓者，民之介乎民姓土姓之间，其时代大抵后土籍先民籍。

即是说民籍自认为土著之民，但土著与之相比，却比这自视为土著的还要更土。土著可分为两类，一类是“斩荆棘，驱豺狼，以开此土者”，一类是“习于土人”者，他们的形成“大抵后土籍先民籍”。再明白不过地告诉我们：土家族是由土著即“毕兹卡”和“汉人之居此以承世者”即“土家”组成的。这也

土家寨子

在一定程度上解答了潘光旦先生《访问湘西北“土家”的报告》中“我们世代相传是比兹卡，为什么要我们填苗或土家呢”的困惑。

经过两宋的“土丁”“土兵”，到元明土司治下的“土民”，再到明末清初，“土家”这一共同体最终形成。从这一形成的轨迹来看，“土家”即“本地人”的解释，其实是明末清初原明代设置的卫所军户，为了掩藏自己“军家”的身份而对外的辩称：我们是土家，土家就是本地人。由于卫所军户对外接触的广泛性及文化的先进性，这种说法得到了他族的认可。但地处深山与外界接触较少的“毕兹卡”，却并不知道或并不认可这一解释。这才在民族识别中有了“不会说土话的土家，则自称为‘土家’”令专家学者困惑的说法。

“土家”并不是自古以来的民族自称，而是随着民族交往和民族融合出现的他称。“毕兹卡”对这个他称有一个从不认可到认可，再到逐渐接受的过程，这说明了土家族的形成是多元的。

多元文化的背景：土家族族源

作为一个民族，土家族虽然是在新中国建立之后才得到中央政府法律形式的确认，但实际上早在五代时期所树立的“溪州铜柱”上，就详细地记录了可明确与其他“蛮类”区分开的土家族先民活动事实。明、清时期的史籍、方志中，已经有“土人”“土家”的记载。如《百苗图》就有“土人”的专章介绍；《五溪蛮图志》中记载的当地5种“侏离”语言，其中之一就是典型的土家族语言；《楚南苗志》卷六《土志》从服饰、风俗、语言、性情等方面，图文并茂地对今土家族做了记载；《溪蛮丛笑》诸多风俗记载与今土家族风俗一致。民国时期，一些专家学者在对湘西有关民族实地考察和历史研究中，都程度不一地涉及了湘西的“土人”即今土家族的来源。新中国建立之后，开展了以土家族识别为目的族源研究，并在20世纪50年代初中期和80年代中后期形成了两次族源研究的高潮。

土家梯田

民国时期有关土家族族源的论说

“僚人说” 民国时期的土家族在方志中被称为“土人”“土著”或“土家”，明确地有别于“苗”“瑶”。1933年春夏之间，凌纯声、芮逸夫二位先生赴湘西进行为期三个月的苗族实地调查。1936年，商务印书馆出版了这次考察的成果《湘西苗族调查报告》，虽然报告是围绕湘西苗族的政治经济、社会状况、语言风习的调查展开的，但其中也涉及到了瑶人、仡佬、土人等其他民族。报告在第二部分“苗族的地理分布”中记载道：

湘西除三厅苗外，靖县、通道、绥宁、城步等县尚有青苗，溆浦、黔阳、武岗、道县、永明等县有瑶人；永顺、保靖、古丈、龙山等县有土人；泸溪、乾城二县有仡佬。近世多以湘西的非汉民族为苗族，实则三厅的红苗与靖、通等县的青苗始为纯苗族，他如溆、黔等县的瑶与苗有别。泸、乾的仡佬与贵州仡佬同族。永、保等县的土人语言属于泰掸语系而藏缅语化，或为古代僚族的遗民，均非苗族。

文中永顺、保靖、古丈、龙山等县的“土人”，就是今天的土家族。凌纯声、芮逸夫两先生认为土人“语言属于泰掸语系而藏缅语化”，“或为古代僚族的遗民”。是最早见诸于文字对湘西土家族从近现代民族意义上进行的民族分类甄别，是首次对土家族语言和族源进行的尝试性探讨，虽然两位先生主要工作是考察

湘川公路
能滩吊桥

苗族，不可能对土人来源展开深入研究，其结论似乎过于简单，但由此而出现了土家族族源的“僚人说”。

“土著说” 1939年，谭其骧教授在《史学年报》第二卷第五期上发表了《近代湖南人中之蛮族血统》，对今土家族的向氏、彭氏、覃氏、田氏等强宗大姓逐一进行了考证，认为：

上述诸氏，皆在唐宋时为蛮中酋豪显姓，而明清以来又为各该当地及附近之望族。若谓今日之望族，皆系唐宋后自他方移来，而适与当地往日之蛮姓相合，衡以古今天下事理，当无如是之巧。故吾侪固不得遽谓今日各该地此诸姓之每一个人皆系蛮裔，特至少其中有极大部分秉有蛮族血统，此则可以断言者也。

文中断然否定了土家族的强宗大姓为外来汉族豪强，认为他们均是本地蛮族。对于彭氏来自江西之说，谭其骧教授认为：

唐末溪州蛮中有吴、彭二氏，曾一度发生争战，结果彭胜吴败，彭氏自此遂得世为诸蛮首领，或为史实，特其人为彭玕兄弟，则殆如风马牛不相及，断乎为绝无关系者也。

实为反对土家族来源“江西说”，而开土家族源“土著说”之先河。

20世纪50年代有关土家族族源的论说

在20世纪50年代民族识别中，随着对土家族民族识别的开展，土家族族源问题就成为土家族历史研究中的一个重要内容，

▲

土家民居

当时有关土家族的族源学说主要有两种观点：一为“巴人说”，一为“乌蛮说”。其中“巴人说”观点对后来土家族族源研究影响较大。

“巴人说” 最早提出土家族可能是“巴人”后裔这一观点的应是严学窘教授，在《湖南龙山土家族初步调查报告》中，严教授认为“土家可能是古代北僚的板楯或廪君蛮的遗民”，但严教授并没对这一观点进行深入研究。将土家族为巴人后裔的观点进行系统化的论证并形成“巴人说”的是潘光旦先生，他在《湘西北的“土家”与古代巴人》《访问湘西北“土家”报告》《湘西北、鄂西南、川东南的一个兄弟民族——土家》等一系列文章中做了详尽的论述。其主要观点是：今天土家族生活区域就是古代巴国地域，古代巴人的一些族类名称与今土家族自称相近，如六戎中的“鼻息”“比夷”等；在古代巴人活动过的两湖、川黔等省的广阔区域，都留有带有“比兹”音的地名，与土家族自称“毕兹卡”相同；史书记载的巴人五姓、七姓与今土家族的大姓相同，如瞫（同覃）、相（同向）、田、冉、郑、樊等；巴人与土家族均有关于虎的传说和崇拜，由白虎到白虎神，由白虎神到白帝天王。“是一个完整的发展过程，贯穿着巴人与土家的信仰生活，前后至少已有两三千年之久”；巴人的一些动物称呼，如称虎为“李”，称鱼为“娵隅”，与土家语相接近，语言上可能有承袭关系。潘光旦先生的“巴人说”成为确认土家族为单一少数民族的主要历史依据。

“乌蛮说” 最早系统成文提出“乌蛮说”的是王忠先生。他在《历史研究》1958年11期发表了《驳向达、潘光旦关于土家族历史的谬论》一文。其主要观点是：铭于五代时期的《复溪州铜柱记》明确记载，土家族先民是从牂牁（今贵州）“因六子以分居，入五溪而聚族”出现的；据《大定县志》载：居住于今贵州毕节一带的白罗罗（乌蛮的一支）号为“比其”“比际”，这与土家族自称相同；据《新唐书·南蛮传》记载：唐中叶时乌蛮（罗罗）“兵数出，侵地数千里”，毕节一带土著一部分被其征服，成为“白罗罗”，一部分则与乌蛮进行长期斗争，最后被迫迁入云南和湘西，“土家”称谓即是对新进入的乌蛮而言的；土家族语言与乌蛮的后裔之一今彝语言相近，“甚至于可说是彝语支的一个独立语言”。认为土家族是乌蛮的一支进入湘鄂川黔边区之后形成的。

土家老人

20世纪80年代及以后有关土家族族源的论说

20世纪80年代由于政治上的拨乱反正，思想上的实事求是，民族工作走上了正轨，民族研究也迎来了一个新的时期，20世纪50年代土家族民族识别中的遗留问题重新提上了议事日程。1982年4月，国家民委、中央统战部、全国人大民委等中央领导机关，专门邀请了湖南、湖北、四川、贵州四省民委和相关自治州、地区的领导及中央民族学院、中国社会科学院民族研究所的研究人员，共同讨论研究四省边界邻近地区的部分群众，要求恢复土家族民族成分的问题。会议通过充分的讨论与研究，形成了

▲
土家民居

《湘鄂川黔四省边境邻近地区部分群众恢复土家族成分座谈会纪要》。随后，国家民委又印发了《关于民族识别工作的几点意见》，重申了过去民族识别的一些精神，并对现阶段的民族识别工作提出了几点具体意见，土家族民族成分的识别与恢复再次展开。

知识链接 1983年9月，来自北京、黑龙江、河南、湖北、广东、广西、云南、贵州、四川、湖南10个省市的120余名专家学者，在湘西土家族苗族自治州首府吉首市召开了“土家族历史讨论会”，会后出版的《土家族历史讨论会论文集》共收录了45篇研究论文，其中近一半的论文是研究土家族族源的。

以1983年“土家族历史讨论会”为起点，土家族族源研究日趋活跃，在族源方面除原有的“巴人说”与“乌蛮说”继续得到研究外，还形成了具有代表性的几种学说观点。如“廪君说”“賨人说”“板楯蛮说”“土著说”“氐羌说”“江西说”“濮人说”等。这些不同的观点，有的是对“巴人说”与“乌蛮说”的深化研究，有的是对家谱记载的身世重新发掘，有的则是新出现的观点。

“廪君说”“賨人说”“板楯蛮说”“土著说”等观点，实际上是在“巴人说”的基础之上，论述巴国境内哪一支古代族群是形成今天土家族的主体。这些观点的名称即含有一定的地域研究倾向，如鄂西的“廪君说”，湘西与川东南的“賨人说”“板楯蛮说”“土著说”等。

“氐羌说”则是对“巴人说”的前延，认为土家族历史发展线条是“羌人——巴人——土家”。

“乌蛮说”则在方志记载上深入挖掘了乌蛮由贵州进入湘鄂川黔边区的路线、土家语与彝语的亲缘关系、土家族与彝族相同的风俗习惯等，是对王忠先生“乌蛮说”的进一步补充。

“江西说”在20世纪50年代民族识别中曾有涉及，认为土家族是源于江西吉水的彭氏望族，其论证的基础是家谱的记载和民间传说。但因家谱的“赶谱”，乱攀历史上著名人物的弊病及与正史记载的较多矛盾，且受到过谭其骧教授著文批驳，这一观点仅在民间流传，学术研究领域很少涉及。这次提出者主要是湘西本地区的研究人员。

“濮人说”认为沅水中上游最早的居民是濮人，继为巴人，再为楚人。在楚未进入湘西以前，这里主要居住着当地的土著民族“百濮”，春秋战国时期，楚国开始经营西南，使大量巴人进入湘西，形成“百濮”“巴人”杂居的局面。到战国早期，楚人进入了湘西，楚民族和楚文化成为融合濮民族、巴民族和其他民族文化的主体。该说提出了楚人为土家先民的一部分的新观点。但如继续前延，似乎又与巴人联系上了。

土家织机

▲

沈从文笔下的《边城》——翠翠岛

这次会议还形成了以巴人为主体，融合其他民族的“同源异支”说，这一观点的代表是中南民族学院的彭英明教授。他在《试论湘鄂西土家族“同源异支”》中认为：“土家族作为一个稳定的民族共同体，也是在长期历史发展过程中，以居住在湘鄂西地区的土著巴族为主体，融合了其他一些部族，如汉人、疍人、乌蛮等的某些氏族部落，而在唐宋时期混血形成的。”

遵循各个民族产生和发展的规律而言，每个民族都有自己的源头，但这些源头并不是纯而又纯的、始终不变的一脉相承。从考古发掘和文献记载看，现今土家族聚居的地区在远古时期就是人类繁衍生息之地。自有文献记载以来，土家族先民基本上一直生活在这一地区，因此土家族是世居民族，其族源肯定与这里活动的古代部族有关。“氐羌说”是西南多数少数民族族源传说一种共同的历史记忆，土家族也是其中之一。而在大量的文献记载中，与土家直接相关的是巴人及其被指称为诸种蛮夷的后裔，可以说，与巴人相关联的、活动于当地的“巴”“蛮”是土家族源的主要历史象征。从风俗习惯看，与现在土家族最为接近的是廪君、賨人（板楯蛮），他们的敬虎与忌虎习俗在今天土家族习俗中仍完整地得到保存。从语言特征来说，作为与彝语支各族密切

相关的乌蛮，在历史发展过程中，对土家族文化的形成起到了重要的促进作用。而土家族最后的形成及汉称的出现，则应与明代卫所的设立及清代的“改土归流”影响密不可分。显然，土家族的形成是一个长期的多种文化影响的结果，归结于由古代某一个族群独立发展而成似有不妥。

15

第二章
历史变迁与当家做主

“毕兹卡”的历史发展进程，不仅在其口述史诗《摆手歌》《梯玛神歌》中，神话与现实完整结合，世代相传。在汉文典籍中也留下了他们的足迹：先秦时期的“西南夷”、秦汉时期的“武陵蛮”、隋唐时期的“五溪蛮”等，是武陵山区各民族的共同名称。五代以后，土家族从“蛮夷”中明显地区分出来，以“土人”之称见诸于史载。元、明、清实施的土司制度，使“毕兹卡”的社会建构与民族文化得以定型。中华人民共和国的建立，民族成分的确认及民族区域自治政策的实施，让古老的民族获得了新生。

沧海桑田：传说时代

土家族有语言无文字，民族历史均以口承文化的形式代代相传，具有代表性的是《梯玛神歌》和《摆手歌》。这些口承文化内容包罗万象，十分丰富。诸如开天辟地、人类起源、生殖繁衍、迁徙定居、欢庆丰年、生产技能、渔猎樵耕等无所不及。与大多数民族关于人类起源传说不同的是，土家族认为今天的人类经历了两次毁灭两次再生。第一次经天神的重塑、第二次经人类的自救才得到新生。从这些传说中，我们可大致了解远古时期土家族先民的生活状况。

摆手舞

《摆手歌·人类起源》叙述了远古的洪荒时代，天和地相挨太近，画眉鸟多舌、青蛙喧嚣、小孩子爬着马桑树上天吵闹；芭茅

草长得像竹林挡道，葛藤长上天绊得天上人跌跤；东海大鱼让天庭充满腥骚，天神不得安宁心情烦躁等事实，让天神终于采取了行动，让“画眉不叫，青蛙无声，葛藤不长，茝茅不生，大地一片漆黑，世上混混沌沌。天上通了大眼，地上通了大坑，从此四季不分，从此日夜不清”。人类也因此而灭亡。于是土家族传说中的天神墨贴巴，让张古老和李古老再造天地，张古老辛勤劳动，用五彩石补天，把天补得平平展展，有了彩云、星星、月亮。而李古老贪睡误时，毛手毛脚把地做得高低不平，坑坑洼洼，还用拐杖在地上划了好多沟，撮了好多洞，于是地上有了高山、平地、河流、天坑。天地造好后，世上无人太冷清，墨贴巴又让依罗阿巴去做人，依罗阿巴用葫芦做脑壳，竹子做骨架，泥土做肌肉，树皮做皮肤，树叶做肝肺，豇豆做肠子，茅草做汗毛等，终于完成了做人的任务，世上又繁荣了，这是人类遭毁灭后的第一次再生。

第一次再生后，人类不再喧嚣吵闹，天地人神和睦共处，人间再次繁荣。土家族在今湘西北、鄂西南的酉水和澧水流域，逐渐形成了八个部落或八个峒。各部落均有各自的首领，各首领均有其名字，分别叫：熬朝河舍、西梯佬、里都、苏都、那乌米、拢比也所耶冲、西呵佬、接耶费耶纳飞列耶。这些土家语名字均有完整的含意，如西梯佬即“种田的人”，西呵佬即“赶山（打猎）的人”，那乌米则含有“遥远地方的老人”之意。土家族尊称他们为“八部大王”，在地方史籍中则称为“八蛮”。

传说八部中有一户人家，共有八兄一妹，八个哥哥都力大无穷，是无敌于天下的好汉。兄弟中年纪最小的弟弟叫补所，最小的妹妹叫雍妮，由于父亲早逝，他们对母亲都十分孝顺。有一天母亲病了，不思茶饭，只想吃雷公肉。兄妹们为了捉到雷公，就想了一个糟踏粮食，诱使雷公来劈他们的计谋。当雷公手持斧头下凡来劈正在用脚踩踏饭食的兄妹时，一脚踩在事先被覆盖在屋顶滑溜的青苔上，摔了下来，被力大无穷的八弟兄捉住了，动弹不得。由于雷公太瘦，兄妹们就把他关在铁柜里，想养肥一点再杀来吃。第二天哥哥们出去打猎，嘱咐补所和雍妮好好看住雷公，千万不要给雷公送火送水。但补所和雍妮心肠软，经不住雷公的苦苦哀求，把火种和水递给了雷公，雷公得到火种后，烧化铁柜逃回了天庭，并向天帝奏报人类的种种劣行，天帝一怒之下降旨命涨齐天大水，要把人类全部淹死。雷公为报答补所与雍妮的救命之恩，便托梦让兄妹二人去种葫芦瓜，当齐天大水涨起来后，补所和雍妮坐在葫芦瓜中得以幸免。大水退去之后，世上人全部被淹死了，唯有补所与雍妮兄妹俩躲在葫芦瓜中保全了性命。为了不使人类绝迹，补所要与雍妮结婚，雍妮不同意，并提出不可能实现的滚磨岩、劈竹子、烧火堆、种葫芦、绕山跑等条件刁难补所。而补所在喜鹊、乌鸦、乌龟等的帮助下，居然使从山顶滚下来的两扇石磨合在一起了，使从两头开劈的竹子破成了完整的两块；使两堆分别烧着的火堆浓烟在空中绞成了一股；而种的两棵葫芦瓜叶紧紧地缠在了一起……所有的难题全解决了，雍妮只好与补所在苦楝树下成了亲。婚后十月，雍妮生下一个大肉球，在云母婆婆的指导下，她把肉球砍成120块。和上三斗三升沙子撒出去，从此有了“帕卡（汉族）；和上三斗三升泥巴撒出去，从此有了“毕兹卡”（土家族）；和上三斗三升树苗撒出去，从此有了“辟卡”（苗族），人类又得到了新生。

▲

祭水神

以史为证：历史变迁

先秦时期的文献记载与出土实物

从文献记载来看，土家族可证的历史可追溯至先秦时期。巴人中的“廪君”，是土家族先民最早见之于史籍的民族首领之一。最早记载“廪君”史事的是《世本》：

酉水源头——猫儿孔

巴郡南蛮，本有五姓：巴氏、樊氏、瞫氏、相氏、郑氏，皆出于武落钟离山。其山有赤黑二穴，巴氏之子，生于赤穴。四姓之子，皆生黑穴，未有君长，俱事鬼神。乃共掷剑于石穴，约能中者，奉以为君。巴氏子务相，乃独中之，众皆叹。又令各乘土船，约能浮者，当以为君。余姓悉沉，唯务相独浮。因共之，是为廪君。乃乘土船从夷水至盐阳，盐水有神女谓廪君曰：此地广大，鱼盐所出，愿留共居。廪君不许，盐神暮来取宿，旦即化为虫，与诸虫群飞，掩蔽日光，天地晦冥，积十余日。廪君思其便，因射杀之，天乃开明。廪君于是君乎夷城。

武落钟离山又名难留山，在今湖北长阳土家族自治县境内。夷城所在地今天一般认为即恩施市。相传廪君在君乎夷城后，其部落曾沿清江向西迁徙，后又沿乌江而至枳，在此建立了具有王国性质的政权中心。《华阳国志·巴志》曰：“其先王陵墓多在枳”，枳即今重庆市涪陵区，其东南小田溪，自1972年以来，四川省、重庆市有关文物考古部门就在此组织了几次大规模科学考察与发掘，先后出土了一套14件错金编钟、刻有“廿六年”铭文的铜戈、5枚刻有迄今尚无人能解读的巴图语青铜印章和大量玉、陶器等珍贵文物，证实了《华阳国志》的记载。

巴蜀之战与避退湘西

春秋战国时期，巴与周边国家或战或和，活动十分频繁，《华阳国志·巴志》上不乏“与邓为好”“巴子怒，伐邓”“巴师、楚师伐申”“巴与秦、楚共灭庸”“巴人伐楚，败于鄾”“尝与楚婚”“巴、蜀世战争”“及七国称王，巴亦称王”等史迹记载。介于秦、楚之间的巴，成为两霸均想吞并的目标。地处巴东面的楚，在“开濮地”占领了濮人的广大地域后，巴就成为楚的军事打击目标，两国间军事冲突不断。巴为了防止楚的入侵，大力修建军事要塞，《水经注·江水》载：“昔巴、楚数相攻伐，藉险置关，以相防御。”《华阳国志·巴志》亦载：“巴、楚故相攻伐，故置捍关、阳关及沔关。”但山川险阻并没有挡住楚对巴的进攻，在楚的军事压力下，巴逐渐从巫巴山向大巴山退缩，国力日渐削弱。而巴的西邻蜀国，因为巴与蜀王弟弟苴侯私下交往，而得罪了蜀王，“蜀王弟苴私亲于巴，巴、蜀世战争”。周慎靓五年（前316），蜀王亲率大军讨伐苴侯，“侯奔巴，巴为求救于秦。秦惠文王遣张仪、司马错救苴、巴。遂伐蜀，灭之”。但巴求救于秦亦是引狼入室，秦在灭蜀之后，并没有撤军回朝，而是乘胜东进，顺势入巴活捉巴王归秦，巴国灭亡。司马错又沿涪水而上，再取楚国的商於之地，设立黔中郡。

▲

一炷香——湖北恩施大峡谷

巴国灭亡之后，巴国王族子弟鉴于北边与西边秦军的追击和东北边及东边楚军的压迫，被迫由乌江流域和清江流域向武陵山的腹地酉水流域撤退，进入了今湘西地区。

唐代梁载言在《十道志》中说：

楚（秦）子灭巴，巴子兄弟五人流入黔中。汉有天下，名曰酉、辰、巫、武、沅等五溪，名为一溪之长，故号五溪蛮。

颜师古注《汉书》时亦说：

黔中，今黔州其地，本巴人也。

宋代罗泌在《路史》中说：

巴灭，巴子五季流于黔而君之。

以上明确地说明了巴人由今渝东南、鄂西进入了湘西。湘西古为“五溪”之地，因溪洞众多，山川阻塞，易为凭借之故，是较理想的乱世避居之地。从此，“巴”再也难见于史载了，而成为了“蛮”。

秦至两宋时期的行政建置

自秦以下，历代中央王朝都在土家族生活区域设立了行政建置，依行政建置或自然地理为名称，土家族与其周边各族一道，以“南蛮”“西南夷”“武陵蛮”等称呼见于史载，其后更有了明确指向土家族生活地域的“五溪蛮”“北江蛮”“武溪蛮”“西溪蛮”“溇中蛮”“溪州蛮”等。这些“蛮类”的领袖人物如两汉时期的“武陵蛮”田疆、相单程；魏晋南北朝的“建平蛮”向光侯、向宗头，“信州蛮”向镇侯、向白虎，“蛮帅”向五子王、“溇中蛮”田向求、“黔阳蛮”田豆渠、“西溪蛮”田头拟、田娄侯、田思飘等，其史迹广泛见载于正史或方志之中。

隋唐以后，确立了“怀柔远人，义在羁縻”的民族政策，使在“遐荒绝域、刑政殊于函夏”的羁縻府州制度得以推行。羁縻州开始在土家族地区实施。武德四年（621），唐设黔州都督府，计“领”或“督”六县十五州，其中属土家族聚居地有彭水（州治，今同）、黔江（今同）、洪杜（今四川酉阳、贵州沿河）、洋水（彭水西南）、都濡（彭水东南）等五县及思（四川酉阳、秀山、贵州沿河、务川）、辰（湖南沅陵、辰溪、溆浦）、施（湖北恩施）、费（贵州思南、德江、务川）、巫等州。天授二年（692），唐以辰州之大乡（今湖南永顺、龙山、保靖）、三亭（今保靖、秀山）两县地建溪州。开元二年（714），又分大乡县一部分建洛浦县（今保靖），以洛浦、招谕（凤凰县）两县隶锦州。开元二十一年（733）设黔中道，为全国十五道之一，道治彭水，辖黔州、清江、泸溪、灵溪（即溪州）等郡及黔、辰、施、叙、奖、夷、播、思十数州，计有35县，并在黔州“置镇重兵，以兼总羁縻州郡”。天宝元年，改黔州为黔中郡，都督有施、夷、播、思、费、珍、溱、商等州，又领有充、明、晃、羊等50州。其中“诸蛮州五十一”。诸蛮州中的辰州、溪州、锦州、施州、夷州、播州、思州、费州、珍州、奖州、叙州等州均系土家族生活区域。

▲

出土文物
铜盉

五代时期是土家族势力范围确立的最重要时期。在唐“即其

部落列置州县”设立的羁縻州基础上，土家族各强宗大姓在唐末加入了反抗唐王朝统治的起义中，其疆域不断得到扩充与巩固。后晋时期，土家族首领彭士愁所率领的溪州、锦州、奖州等处蛮夷，得到了“宁州蛮”莫彦殊所部温那等十八州、“都云蛮”尹怀昌所率昆明等十二部、“牂牁蛮”张万濬所率彝播等七州、罗甸王普露等“牂牁蛮”的支持，势力不断壮大。《九国志》卷十一载其“昆弟强力，多积聚，故能诱动诸蛮皆归之”，且“遣使乞师于蜀”。对楚国发起了进攻，战争持续了两年之久，其结果是双方盟誓求和。楚文昭王马希范与彭士愁铭誓约于铜柱之上，划野分疆，确认了双方的地域。与彭士愁共同作战的诸多“牂牁蛮”部，大多与今彝语支的彝族、白族有渊源关系，他们的文化显然也直接影响到了土家族文化的形成。土家族语言接近彝语支，就是这种影响的结果。

▲

沅陵

两宋时期，武陵蛮与朝廷冲突较为频繁，但基本上维持着五代时期马楚政权确认的边界，土家族疆域得以确定，武陵山渐渐成为周边环绕“王土”，其内“不服王化”的一块“蛮地”。土家族各强宗大姓在武陵山区基本上奠定了各自区域性的统治地位。大致形成了马氏、冉氏、杨氏等据有川东（今渝东南）；覃氏、田氏、唐氏等据有鄂西；彭氏、向氏、田氏、张氏等据有湘西；田氏、张氏、安氏等据有黔东北的割据局面。正是借用了这些强宗大姓的势力，元代土司制度得以在土家族地区顺利建立。

元、明、清时期的土司统治

元、明、清三代的土司统治时期，是土家族历史进程中一个极其重要的发展时期。土家族土司分布，按今行政区划，可分为湘西、鄂西、渝东南、黔东北四个地区。按明代史籍记载，共计有8个宣慰司、4个宣抚司、11个安抚司、6个土州、39个长官司、5个蛮夷长官司。其中彭氏执掌的永顺宣慰司、保靖宣慰司，向氏执掌的桑植宣慰司，田氏执掌的容美宣慰司，马氏执掌的石砫宣慰司，冉氏执掌的酉阳宣慰司被称为土家族六大宣慰司。土司统治时期对土家族政治、经济、文化的历史发展进程产生了重大的影响，对于土家族的最后形成和发展，起到了极其重要的作用，是研究土家族历史不可或缺的主要内容。

清雍正年间开始的“改土归流”，对土家族历史进程而言，无异于是一个革命性的事件。“改土归流”并非是“拯土民于水火，救土民于倒悬”的民族解放，而是中央王朝以直接统治取代间接统治的一次政治制度改革。土司制度被废除后，土家族原土司或流放、或罪徙、或异地任职、或回归“原籍”，都离开了原世袭为官的领地。清王朝在土家族六大宣慰司及宣抚司、安抚司、长官司所辖地设立了与内地相同的府、县、厅行政建置，并由流官执掌，今土家族地区的各个县的地域及名称基本上都在这一时期形成。改流后的府、县各级官员，不遗余力地强行终止与其价值观不符的少数民族文化。如永顺知府袁承宠在《详革土司积弊略》中，列举应革积弊共21条，广泛涉及婚俗、跳摆手舞、祭祀、传统居住、服饰等民族习俗，明令“分别服制，革除唱和”“不供奉祖先，令写天地君亲牌位”。保靖首任知县王钦命则接连发布“禁短衣赤足”“禁婚嫁襁贞”“禁白布包头”“禁火床同居”等告示，令“各宜遵奉毋违”，并咒之曰“倘有不遵者，即系犬羊苗猓”。在各级官府的禁止下，土家族文化亦“归流”于以儒家价值观为核心的封建文化，而导致了诸如土家族语言、服饰等民族文化符号的逐渐消失，甚至于有了“昔所谓生苗皆为熟苗，所谓熟苗皆为汉民”之谓。

“改土归流”对土家族的历史发展影响极其深远。不可否认它导致了民族文化的迅速同化，使土家族族群逐渐融入了以汉族为代表的社会主流圈，同时也消除了割据，打破了闭塞，促进了民族间的交流，有利于各民族的相互帮助与共同发展。

当家做主：民族区域自治

20世纪50年代的民族识别，土家族得到了中央政府法律上的正式确认，接踵而至的就是土家族民族区域自治问题。

1957年初，中共湖南省委根据湘西已建立了苗族自治州，土家族集中聚居的龙山、永顺、桑植、大庸四县，在行政建置上属于苗族自治州托管这一具体实际情况。对于土家族民族区域自治问题，提出了一是土家族与苗族联合自治，一是土家族单独自治的两种方案，并将两种方案提交给湘西各族干部群众进行协商讨

湘西土家族苗族自治州成立50周年

▲

庆典欢迎队伍

论。同时，省委和省政协也组织了省直机关干部389人，组成大规模“土家族访问团”深入土家乡镇听取意见。访问团在团长张孟旭副省长的带领下，先到自治州首府吉首访问了3天。然后自治州又抽调了大批干部加入访问团，共达676人，分为三个分团，分别到保靖与古丈、永顺与桑植、龙山等县访问。整个访问过程历时50天，共访问了各级政府机关702个、乡镇156个、学校384所、工厂26个。召开了2 342次群众大会及座谈会，到会325 131人次。重点人物个别访问8 837人次。随团医疗队看病共34 440人次，文工团演出129场。以各种方式宣传民族政策，协商民族区域自治形式。

在这次遍及州、县、乡的群众讨论协商中出现了两种不同的主张。倾向于土家族单独自治的代表人物是彭泊先生。

1955年7月，为尽快解决土家族民族成分的确认，彭泊写信给全国人大常委会刘少奇委员长，一并呈上彭武一执笔的《湘西土家人民古代历史纲要初稿》《湘西土家语言句法初探》两篇文章，请求刘少奇委员长提交全国人民代表大会第二次会议讨论。在土家族民族成分的确认过程中，彭泊始终保持着与家乡的通信联系，关心民族识别工作的开展，并从中央到地方尽力呼吁，为土家族民族成分的确认做出了突出贡献。1957年3月，鉴于彭泊在土家族中的声望，湖南省函请他从广西回湘，共商湘西土家族与苗族联合或单独自治的问题。4月，彭泊返回湖南，当选为湖南省政协委员，出席了省政协一届三次全会。在这次会议上，他作了题为“联合不反对，主张唯单独，中央决定，绝对服从”的发言，表明了自己对联合或单独自治的意见，该发言于6月31日被《新湖南报》刊载。会后，彭泊参加了以副省长张孟旭为团长的“湖南省土家族访问团”，并任14名副团长之一，赴湘西进行访问，回到家乡保靖县了解土家族对民族自治形式的意愿。但因受“反右”扩大化的影响，彭泊受到冲击。

知识链接 **彭泊** （1912—1993），本名彭司春，湖南省保靖县人。1926年就读于省立常德第二师范学校时加入了共青团，与粟裕、滕代远等人同学。“马日事变”中彭泊因掩护粟裕、滕代远等学生党员逃离而被捕。被营救出狱后赴长沙参加北伐军，后参加了张太雷、叶剑英等领导的广州起义。1935年，彭泊考入北京大学商学院经济系学习，参加了“一二·九”运动。1936年，彭泊加入了李昌、蒋南翔负责的中国民族解放先锋队，任湖南中队中队长。1937年赴延安进入抗日军政大学学习。1938年加入中国共产党。抗大毕业后他被安排进入白区，在李昌同志的领导下从事民先队的抗日救亡工作。解放战争时期，在武汉从事策反、护厂、保卫码头等工人运动。解放后，彭泊先后在中南局团委、民委工作。后因工作需要，调入广西民族学院工作。

1957年，8月6日，湖南省人民委员会第二十一次（扩大）会议就湘西土家族与苗族联合自治问题做出了几项决定：联合自治州名为湘西土家族苗族自治州；州府设在原苗族自治州府所在地吉首；鉴于原苗族自治州干部人选的安排，第一任州长仍由苗族担任；联合自治州正、副州长的民族比例为土家族3名、苗族3

▲

湘西土家族苗族自治州成立50周年庆典会场

名、汉族2名；根据两个自治民族聚居地相对集中于自治州南北的特点，分别在南北两地设立两所民族师范学校、两所州级民族中学、两所州级人民医院。会议做出了《建立湘西土家族苗族自治州的决定》，呈报国务院。9月6日，国务院第五十七次全体会议通过批准了湖南省人民委员会的决定。9月20日，湘西土家族苗族自治州在吉首正式宣告成立，下辖龙山、永顺、桑植、大庸、保靖、古丈、花垣、吉首、泸溪、凤凰10个县。

湘西土家族苗族自治州的成立，激发了鄂西、渝东南、黔东北等地土家族要求实现民族区域自治的热情。当地土家族干部、知识分子及广大群众纷纷要求恢复民族成分、建立各级土家族自治地方。但是，随之而来的“反右派”斗争运动扩大化的冲击打断了土家族的民族识别和民族区域自治进程。

党的十一届三中全会的拨乱反正，使一大批冤假错案得以纠正。党和国家民族政策重新得到贯彻落实，土家族的民族识别和民族区域自治工作得以继续开展。根据1979年11月国家民委《关于抓紧进行民族识别工作的通知》，湖北恩施地区首先提出了恢复土家族成分，建立鄂西土家族苗族自治州的要求。1980年5

月，来凤、鹤峰两个土家族自治县相继成立。1981年国家民委派专人到恩施地区指导恢复民族成分工作，具体申报批复工作相继进行。1982年3月，国家民委再次派工作组到湘西北、渝东南、黔东北、鄂西南等地进行调查研究，并在恩施地区召开了四省市毗邻地区有关部门负责人会议，对恢复土家族民族成分工作进行总结。同年4月，国家民委在北京召开关于恢复土家族民族成分工作的座谈会，并形成了《湘鄂川黔四省边境邻近地区部分土家族群众恢复土家族成分工作座谈会纪要》，明确了恢复土家族成分的历史依据、地理范围、现实特征及具体办法。根据《纪要》精神和要求，恢复土家族民族成分和实现土家族民族区域自治工作在上述各地迅速展开。在鄂西地区，1983年12月，鄂西土家族苗族自治州成立，下辖来凤、鹤峰、咸丰、宣恩、建始、巴东、恩施、

民俗表演——背鼓赶山

▲

庆典游行队伍

利川8个县；1984年12月，湖北宜昌地区长阳土家族自治县、五峰土家族自治县相继成立；在川（渝）东南地区，1983年11月至1984年11月，先后成立了酉阳土家族苗族自治县、黔江土家族苗族自治县、秀山土家族苗族自治县、彭水苗族土家族自治县和石柱土家族自治县。在黔东北地区，1986年10月，沿河土家族自治县成立；12月，印江土家族苗族自治县成立。此外，湘鄂渝黔边境各县市也相继建立了40余个土家族乡。党和国家的民族政策在土家族地区得到全面落实。

武陵原住民：人口分布

土家族是中国人口较多的少数民族之一。根据2010年第六次全国人口普查统计，土家族人口数为835.3912万人，占全国少数民族总人数的7.34%，仅次于壮、回、满、维吾尔、苗、彝等族，人口数在我国少数民族中居第七位。

人口分布

湖南是我国土家族聚居人口最多的省份，共有263.25万人，占全国土家族人口的31.51%。主要生活在湘西土家族苗族自治州的龙山、永顺、保靖、古丈、吉首、花垣、凤凰、泸溪等县市；张家界市的桑植、慈利、永定、武陵源等县区；此外，常德市的石门、桃源县，怀化市的沅陵、芷江、溆浦等县也是土家族聚居地。

湖北省土家族人口共有210万人，占全国土家族人口的25.14%。主要生活在恩施土家族苗族自治州的恩施、利川、来凤、鹤峰、咸丰、宣恩、巴东、建始等市县；宜昌市的五峰土家族自治县、长阳土家族自治县及秭归县。

贵州省土家族共有143.7万人，占全国土家族人口的17.2%，主要生活在铜仁市的沿河土家族自治县、印江土家族苗族自治县、思南、德江、江口、石阡、碧江、万山等县区；遵义市的部分县区。

土家老人

重庆市土家族共有139.87万人，占全国土家族人口的16.74%。主要生活在石柱土家族自治县、黔江区、彭水苗族土家族自治县、酉阳土家族苗族自治县、秀山土家族苗族自治县。

除武陵山聚居区之外，全国其他部分省市也有土家族分布，据有关资料统计，散居省市前十位的分别是浙江省22.7万人、广东省21.25万人、福建省8.98万人、四川省5.92万人、江苏省4.13

▲

乾州古城迎春

万人、上海市3.36万人、北京市2.36万人、新疆维吾尔自治区1.79万人、广西壮族自治区0.92万人、河北省0.81万人。因此，与中国各少数民族“小聚居、大杂居”的特点相似，土家族在国内的分布也呈现这一特点。

人口增长

土家族是我国少数民族中人口增长最快的几个民族之一。1953年，根据当时中南局民族事务委员会的调查统计数，湘西龙山、永顺、保靖、古丈等地的土家族人口为247 306人。随着土家民族识别调查的深入及土家族被正式确认为单一少数民族后，除湘西外，鄂西、川东（今渝东）、黔东北等地的土家人都相继恢复了自己的民族成分，人口年年递增，根据历次全国人口普查的统计数据：1964年为52.47万人、1982年为283.68万人、1990年为572.50万人、2000年为802.81万人，2010年为835.3912万人。在1964年第二次全国人口普查统计中，人口在百万以上的居于前10位的少数民族是：壮族、回族、维吾尔族、彝族、苗族、满族、藏族、蒙古族、布依族、朝鲜族。并没有土家族在内，当时土家族人口仅50余万人。但从1964年第二次全国人口普查到2000年第五次全国人口普查的30余年间，土家族人口增长达到802.81万人，人口净增了750余万人。人口仅次于壮族、满族、回族、苗族、维吾尔族，跃居少数民族人口排位第六位。这一现象的出现并非是人口自然增长的原因，而是由于国家民族政策贯彻落实，民族成分恢复的结果。

自1957年确定土家族为单一少数民族以来，土家族聚居区曾先后进行了三次大规模的民族成分恢复和核定工作，一大批原来填报汉族和其他少数民族的土家人恢复了自己的民族成分。从核查的变更数据来看，从1964年到1990年间，88.97%的土家族新增人口是因民族成分变更而来的。2010年第六次全国人口普查统计，土家族人口数达835.3912万人，比第五次全国人口普查统计数据增加了32.58万人，这应是自然繁衍增长的结果。虽然这次普查土家族人口有所增加，但在全国少数民族人口排名中却比上一次全国人口普查退后了一位，居于第七位。彝族人口比第五次全国人口普查增加了95.2万人，超过土家族而居于第六位。这次普查一个有趣的数据是，与第五次全国人口普查数据相比较，土家族聚居地的人口数居然略有减少。特别显著的是重庆市，由142.2万人下降至139.87万人，绝对数减少了2.33万人。而沿海地区土家族人口却急剧增加，浙江、广东两省的土家族人口甚至超过了20万。这应是在市场经济中，土家族勇于走出大山，在外工作置业生活的结果。

第三章
武陵山水育土家

属于典型亚热带气候的武陵山，是一片美丽而富饶的土地。这里气候温和、雨量充沛、土质肥沃、植被茂盛，奇禽异兽麇集、山珍馐膳俱备。多山多水、多地多树、多兽多鱼、多蔬多粟，丰饶的物产养育了土家人。土家人用自己的勤劳和智慧，改进着生产工具，创新着劳动技艺。刀耕火种、广种薄收、深垦密植，垒地引水，高山旱粮、平地水稻。以辛勤劳动回报着武陵山的无偿恩赐，将武陵山装点得更加多姿多彩、富饶美丽。

生态资源：养育土家人

湘、鄂、渝、黔四省（市）接壤处的武陵山区是土家族生活的主要聚居区。武陵山脉长约400千米，平均海拔800米左右，面积约10万平方千米，呈西南——东北走向，绵延于中国中部，成为中国东、西部的自然地理分界线。武陵山地理界线较为清晰，乌江、清江、澧水、沅水环绕周边，均向北流汇入长江。酉水自西而东横切其中，构成了武陵山区的主要水路交通孔道。其主峰梵净山，耸立于武陵山区西侧贵州境内，海拔2 577米，为武陵山脉最高峰，成为乌江与沅江的分水岭。誉为“湖南屋脊”的壶瓶山，海拔2 098.9米，位于武陵山脉东北端湖南与湖北交界处，成为澧水与清江的分水岭。海拔2 014.5米的七姊妹山，位于武陵山北部湖北境内，成为清江与酉水的分水岭。南起于湖南、广西边界，绵延300余千米，尾翼倾伏于洞庭湖区的雪峰山，不仅仅是沅水与资水的分水岭，也成为湖南乃至中国东西两部分不同自然景观的分界线。自贵州而逶迤广西的大苗山，成为沅水与珠江水系的分水岭，构成了武陵山区的南屏。特殊的地理环境，使武陵山区在富庶的湖广与四川之间形成了一个相对封闭的孤岛，成为湖广和巴蜀之间交通的中介地。

乌江

▲

矮寨大桥

武陵山是一片美丽而富饶的土地。这里属于典型的亚热带气候，气候温和，年平均气温为13.5℃~17.5℃，冬无严寒，夏无酷暑，是人类宜居之地。

这里雨量充沛，土质肥沃，年平均降水量可达1200~1500毫米，非常适宜农作物和果木的生长。玉米、粟、稻谷、高粱、黄豆、绿豆、红薯、小麦、豌豆、马铃薯等是主要的粮食作物；油桐、油茶、生漆、乌桕、烟叶、芝麻、棉花、茶叶等是主要的经济作物；柑橘、板栗、猕猴桃、梨、核桃等是主要的果类植物；黄连、杜仲、天麻、五倍子、当归、党参是主要的药用植物。

这里森林资源丰富，平均覆盖率为35%~50%。神农架、七姊妹山、八大公山、壶瓶山、梵净山等，至今大部分仍为原始森林或原始次森林覆盖。以人工种植经济林为主的大小林场遍及各县乡，林木种类以松、杉、柏、樟、楠为主，不乏如珙桐、水杉、红豆杉等稀有树种。我国第一个国家森林公园"张家界国家森林公园"就坐落于此。永顺小溪、沅陵借母溪、宣恩七姊妹山、五峰后河、神农架等是著名的国家级自然保护区。

这里物产丰盛，珍禽异兽麇集，属于国家保护级别的就达25种之多。兽类有虎、豹、熊、狼、猴、狐狸、鹿、麂子、香獐、

▲
酉水风光

野猪、黄鼠狼、刺猪（刺猬）、灵猫等；爬行类有乌梢蛇、菜花蛇、黄喉蛇、构皮蛇、五步蛇、银环蛇、烙铁头蛇、棋盘花蛇、青竹彪、四脚蛇等；鱼类除了常见的鲤、鳙、鲢、草、青等经济品种外，还有珍贵的娃娃鱼、白鳝、鳜鱼等；禽类除家养的鸡、鸭、鹅外，野生的有红嘴相思鸟、画眉、杜鹃、乌鸦、喜鹊、斑鸠、野鸡、锦鸡、百灵、啄木鸟、寿带鸟、芭茅雀等等，数不胜数。山珍有灵芝、枞菌、茶树菇、冻菌、草菇、香椿、蕨菜、葛粉、蕨粑及各类野菜等。

这里矿藏资源丰富，主要矿藏有锰、铅、锌、镍、钼、铜、硒、汞、磷、煤、铁等，出产的朱砂在历史上是著名的贡品。位于贵州松桃、重庆秀山、湖南花垣三县的锰矿，有着“东方锰都”的誉称。恩施是世界天然生物硒资源最富集的地区，是迄今为止“全球唯一探明独立硒矿床”所在地，硒矿蕴藏量居世界第一，被誉为“世界第一天然富硒生物圈”。2011年9月19日，第十四届国际人与动物微量元素大会·仙居恩施国际硒资源开发利用研讨会，授予恩施市全球唯一的“世界硒都”称号。

这里降水丰足，水量充沛，沅水、澧水、清江、乌江、酉水等穿流其中，从古至今，这些河流为土家族与外界的交往带来了巨大的便利，不仅仅是货运客商贸易的重要便捷通道，还为今天水电发展提供了丰富的水能资源。据测定，乌江可开发的水力资源装机容量846.01万千瓦，沅水水系可开发的水力资源总容量为

594万千瓦，清江可开发水能装机容量约为350万千瓦，澧水水能蕴藏量有152万千瓦，酉水水能蕴藏量有108万千瓦，是水电建设宝地。由国家主导的乌江、清江、沅水、澧水、酉水的水电梯级开发已卓有成效，乌江渡、彭水、托口、五强溪、水布垭、隔河岩、凤滩、碗米坡等大型水电站相继建成，巨大的电力输往祖国各地，有力地支援了国家建设。

这里奇峰竞秀，气势磅礴，是驰名中外的风景名胜旅游区。武陵源自然风景区、恩施大峡谷、乌江画廊、天坑地缝、梵净山、黄龙洞、腾龙洞、猛洞河漂流、清江闯浪等，一年四季游人如织。位于张家界市的武陵源自然风景区，以奇峰、怪石、幽谷、秀水、溶洞“五绝”名扬中外，被联合国教科文组织列入《世界自然遗产名录》，黄龙洞被《中国地理》评为我国位列第三位的著名溶洞，声名遐迩。永顺老司城土司遗址已通过国家的审批，成为2015年我国唯一向联合国教科文组织申报项目，有望进入《世界文化遗产名录》。

这里是人类繁衍地，长阳土家族自治县的“长阳人”化石，生存于距今约10万~15万年之间，是我国旧石器中期具有代表性的古人类化石。花垣县茶峒镇（今边城镇）发现的药王洞旧石器遗址，文化堆积共21层，丰富的出土文物提供了这一时期人类由更新世过渡到全新世的聚落形态模式、生产生活方式及其内在的文化现象。文献记载中的廪君、板楯蛮、賨人等蛮类族群的活动史迹；濮、庸、巴、楚等古邦国相互之间盟战的变换；土家族民间世代相传的八部大王所形成的各个部落、至今仍受敬祭的向王天子与白帝天王等，都是土家族在远古、先秦时期历史的真实反映。迄今留下了龙山里耶、永顺王村、来凤舍米湖、酉阳龚滩等著名的土家族古村寨，留下了永顺老司城、咸丰唐崖土司城等土司遗址，留下了凤凰古城、慈利九溪等明清时期的军屯古城。记录了土家族历史发展进程中精彩的点点滴滴，土家人用自己的勤劳和智慧将武陵山装点得更加富饶美丽，武陵山以丰饶的物产养育了土家人。

“禾撮”：土家族狩猎

人类最早的生产生活方式是采集和渔猎，多山多水的武陵山，多兽多鱼的自然资源，练就了土家人精湛的渔猎技术，这种生产方式作为农业生产的补充，一直延续至今。

土家语称狩猎为“禾撮”，用汉语称之为“赶仗”，或形象地称为“上山赶肉”。传说中的一个著名首领其名就叫“禾撮冲”，意即“狩猎王”，由此可知狩猎在古代土家人经济生活中的重要地位。狩猎分为猎兽和猎禽两类，猎兽一般为多人合作，称之为

毛古斯舞
——打猎

"围场"。猎禽则多为单人进行。但不论是猎兽或猎禽，网都是狩猎不可缺少的工具。潘光旦先生将"毕兹卡"释为"以网狩猎的人"应有一定科学性。

猎兽

大型狩猎活动一般是在冬季进行。清乾隆《永顺府志·风俗》对围场有详细记载："龙山深林密箐，往日皆土官围场，一草一木不许轻取。每冬狩猎，谓之'赶仗'，先令舍把、头目等视虎所在，率数十百人用大网环之，旋砍其草，以犬惊兽，兽奔，则鸟铳标枪立毙之，无一脱者。"围场之前要先请猎神梅嫦，请好猎神后，参加狩猎人员在老猎头的主持下，分为理脚迹、布网、堵卡、闹山、围场各个组。前三组由具有丰富经验的人员组成，后两组只要能吵闹和有力气则可。理脚迹组带着猎狗先进入围场，他们凭经验在草丛中发现野兽脚迹，并判断是何类野兽，然后沿脚迹方向追寻野兽，当发现野兽后，猎狗会伏地轻轻地"吭"，提醒猎人注意。此时布网组与堵卡组迂回包抄，凭经验在野兽会出逃之处布网堵卡，然后是闹山组和围场组四面包围，放狗进场并大喊大闹逐兽，原潜伏不动的野兽受惊吓仓惶奔逃，落入早已安好的网中被擒，或被猎枪打死。捕获猎物后，老猎头会领众人齐呼三声"呵嗬"，感谢猎神梅嫦。然后清点人数，凡在现场者不论参加围场与否，即使是当时路过者，都可参与猎物分配，这是土家族的传统规矩"隔山赶肉，见者有份"。如是击毙野兽，枪手可得一份额外奖励：将野兽耳朵朝后平抹贴于脖子上，于耳尖处切下的兽头。枪手如是一人可独享兽头，是多人则分享。兽肉分配也极为公平，按人数多少将兽肉好差部位搭配分成若干份，用绳索扎好，上覆簸箕，仅留绳索在外，人们取肉时根本看不见兽肉，拿哪根绳即是哪份肉。其组织形式和分配方法带有浓厚的原始社会时期的痕迹。

个人狩猎则不分季节，随时均可进行。主要方式是下套、设陷阱、下毒、枪击等，其中下套方式最多，有板杆、铁夹、木笼、绳网、绳套等。大凡下套之处，猎人必扎草标于醒目之处，以警示路人注意。而路人发现套上有猎物，也绝不会据为己有，纯朴民风至今犹存。

猎禽

猎禽基本上以网为主，有溜子套、笼套、筛篮套、网套等。溜子套是一串活套圈组成，最佳用材是马尾，因光滑极易收拢，如无马尾可用棕丝代替。将溜子套放于草丛杂树之中，撒上谷粒等，鸟觅食进入套中，只要一跳跃或起飞，活套拉紧鸟儿被擒。笼套是竹、木杆做成的有活动门的笼子，分前后两层。狩猎时先将“媒子”放入笼套内后层，“媒子”是经驯化的野鸡、秧鸡、竹鸡、画眉等。然后将前层三面活动门张开，小心地扣上踏板，猎人则藏在草丛中或预先搭好的草棚内，用竹哨、铜哨或口技诱使“媒子”鸣叫，野鸟循“媒子”叫声而来，只要跳上踏板，三面门均会瞬间落下，鸟有翅难逃。网套用细麻绳编织而成，分为拦网和兜网。拦网就是一张平网，在秋天鸟类肥硕时，于黑夜鸟儿休息后悬挂于丛林四周，然后鸣锣击鼓高声喧哗，鸟儿惊醒乱飞，自投罗网。兜网编织成半球形，用两根竹竿张开，猎人站在鸟儿习惯性飞行的路径上，见群鸟飞来则迎头挥网兜鸟。对群飞群栖的小型鸟类，如红嘴鸟、山麻雀等，网兜捕获效果奇佳，常常一网十数只。

“鱼簺”：土家族捕鱼

因河流、山塘、水田较多，土家族地区鱼类品种也较多，河里的鱼虾、螃蟹，塘里的泥螺、泥蚌，田里的泥鳅、黄鳝，还有

打渔船

多种水生类昆虫如桃花虫、水蜈蚣等，都会成为待客珍品、桌上佳肴。

▲

撒网捕鱼

为捕捉这些水生物，土家族创造了许多捕捞方式方法。绳索类有鱼网、罾、丝卡子；竹器类有篆、鱼栏、竹夹、竹筛篮；金属类有钩、叉、照篮；动物辅助类有水獭、鸬鹚，等等。这些工具有的非常简单实用，如丝卡子，仅是一根长麻线，每间隔一尺左右拴一根短线，短线末端是一根富有弹性两头削尖的竹签。捕鱼时先将竹签弯曲，中间夹上诱饵，再用芦苇、水稻、麦等植物管径套上，将丝卡子理顺放入水中，一头拴在树上或石头上，任其随水漂荡。鱼儿啄食诱饵，管径破裂或被拉下，竹签瞬间弹开，鱼就卡在丝卡子上被捕捉了。

竹夹用三片竹片做成，竹片一端削出锯齿状，一端为手柄，将一竹片夹于两竹片中，中端以铁钉做一活轴即成。竹夹主要用

泥鳅篆

▼

于捉泥鳅和黄鳝，在水稻收割之后，捉鳝人晚上左手提照篮，内放富含油脂的枞树木片，点燃后用作照明，右手拿竹夹，看见鳝鳅即以竹夹夹取，效果奇佳。

用篆既可捕鱼也可捕泥鳅，鱼篆是一个大喇叭状，后腰束小呈圆筒状，内用竹片做成倒刺。将篆放于小溪陡滩中，两边用石头拦成堤，迫使水流入篆，鱼顺着水流入篆，从喇叭口可顺利进入，但进入装有倒刺的后腰内，要出来就不可能了。捉泥鳅的篆要小，呈直筒状，入口亦有倒刺。夏日夜晚，将蚯蚓烧焦放入篆内，置于水田中，泥鳅嗅到香味后，钻入篆内就被活捉。泥鳅篆一夜可放数十支，每支篆边都插一根竹竿做记号，以利第二天早晨回收不致遗失。每逢夏秋之夜，寨里年长七十老翁，年少十岁孩童，大多会去夹鳝、放篆，田野里星火点点，亦不失为一民俗风景。

“刀耕火种”：土家族农耕

土家族生活区人烟稀少，荒地众多。因交通不畅，与外界交往极少，内地先进生产技术与生产工具不易传入，原始的“刀耕火种”生产方式甚至在新中国成立初期，都还是土家族的主要农耕形式。

“刀耕火种”是土家族因地适宜合理利用土地的一种生产方式。凡进行“刀耕火种”的地方，一般都是将山地分为若干片，在这些划分为片的土地上，选择其中数块，砍倒灌木荒草，晾干一段时间后焚烧，热量可杀死害虫，草木灰成为肥料。播种应趁土地尚有一定温度时进行，温度还利于种子尽快发芽，同时不利于山雀落脚，防止其啄食种子。如播种之后恰逢下雨更好，温度与湿度可保证种子的出芽率更高。因此，生产季节播种时机的选

▲

咱笼

知识链接 **咱笼** 土家族常用的一种大型背负劳动工具，通体由竹子编织而成，高约1.3米至1.5米，上端大口直径约1米，底端小口直径约40厘米，从咱笼中端至底端有两条竹编系带供人背负。将咱笼背于背部时，近一半高的大口一端高于头顶，给人头重脚轻的感觉。但这种设计能使重量均匀地分布于背部，合乎力学原理，使负重人有轻松之感。咱笼用于运输脱粒后的苞谷内芯、去籽后的油桐壳、松针叶等质轻类生活物资。

◀ 风光

择是“刀耕火种”的一个重要环节。当年收获农作物后，这块地即轮作休耕，让其抛荒休养以提高土地肥力。来年则在另外几块没有耕种的土地上种植农作物。轮作的结果不仅使土地利用形成一个良性循环，也有利于森林植被的恢复生长。由此可以看出，“刀耕火种”并不是没有节制地将山林砍光烧光，也不是毁坏性地向大自然掠夺索取。而是世代传袭的一种因地适宜的生产技术，体现着人们对自然资源合理利用的智慧。在一些传统的看法中，把刀耕火种理解为一种原始的非环保的毁林开荒生产方式是有失公允的。它实际上是少数民族根据自己的生活环境特点，依据山多人少的状况，而作为一种生存方式的合理选择。这与内地汉族地区人多地少，选择了精耕细作、巧施粪肥的方式一样，都是因地适宜生产技术的具体体现。

“刀耕火种”也是一种合理的生态文化，其核心在于生产劳作中依靠并保护的生存资源是森林和土地。森林能储存雨水，可提供旱地作物所必需的水分，并能防止水土流失。枯枝、落叶、杂草和小灌木焚烧后可提供肥料。更为重要的是，在猎耕农业中，土地的“耕”所获的生活资料并不是生产者赖以生存的全部，而森林的“猎”亦是必不可少的补充部分，没有森林就没有这一切。为了持续有效地利用森林资源，顺应不同森林植被的生

▲

高山梯田

态状况，根据土地的类别，实施不同的耕作方式，实行多样的土地轮作，形成与之相适应的独特的农业技术体系，最大限度地保护和利用森林资源的“刀耕火种”技术自然也就出现了，千百年地流传了下来就证明了它的适应性与合理性。说明少数民族在长期的生存环境中积淀了保护环境的意识，而且对土地与森林的因果规律有着自己独特的认识，这种人地关系的亲密性不仅决定了他们对待土地的态度，也决定了他们对待森林乃至整个自然的态度。

土家族生活区，大多属于典型的喀斯特地貌，岩多土少，有“远看一片坡，近看岩一窝”之俗语。因此，珍惜土地是土家族的优良传统。如果说“刀耕火种”是适应自然的一种生产方式，那么，修筑梯田就是改造自然的一种生产方法。

土家族依山就势，将陡峭的偏坡用石头砌起来，让斜坡成为平地，改建成层层梯田。将坡地改成梯田并非轻而易举之事，首先要做好保坎，保坎须先用巨大的石头固基，用“蓑衣岩”打基础，用“插片岩”砌身，用碎石填心。保坎一定要牢固，否则在暴雨山洪来袭时就会被冲垮，千辛万苦建成的梯田就会毁于一旦。保坎因山势的陡峭不一而高矮不一，一般的田坎高二至三米，少数更高一些。保坎做好后即平整土地，山坡土地薄瘠，常常还需要从其他地方背运土壤来将保坎填满。如是种植水稻，还

碾坊

要挖好引水渠将山上泉水引下来，或用筒车将山脚下的河水提升上来灌入田中。梯田不仅在相同的土地上扩大了种植面积，最大化地使土地发挥了效益。还防止了暴雨山水的冲刷，不致水土流失。日积月累，代代辛劳，现在到武陵山区土家山寨之中，仍然随处可见千年层层梯田。在土家族生活地区，凡是能开成田土的山地，都会充分利用开发，所谓的“山山脊脊种地，沟沟壑壑打粮”即是其所指。俗称的“巴掌田”“蓑衣田”“斗笠田”“一斗米田”“一碗水田”等，在土家族地区随处可见，有些田土小得不能使用牛耕，因牛的身体就占满了这块田土，根本不能拖牵犁耙。这类袖珍型田土是土家族合理利用自然、爱惜土地的见证。清乾隆《龙山县志》记载了土家族爱惜土地的生产状况：“土民善种，零星散地，田边地角，篱边沟侧，悬崖隙土，亦必广种荞、麦、包谷、草烟、粟、蔬菜、瓜果之类，寸土不使闲，惜土如金也。”

第四章
土家族传统文化

土家族文化以其风情奇异而独树一帜：至今尚难定其语支的“毕兹萨”，已成濒于危亡极待拯救的少数民族语言，令人叹息；敬也是白虎，忌也是白虎，相互矛盾的图腾崇拜，令人茫然；汉族姓与土语名相结合的姓名，因同姓可婚而异姓不婚的血亲观，令人称奇；以武力追赶路人，只为请其来家做客的过年习俗，令人稀罕。

濒危语言“毕兹萨”

土家语“毕兹萨”

土家族是一个有语言无文字的民族，土家语用本民族语言称为“毕兹萨”。“毕兹萨”是一种历史悠久的语言，曾在土家族生活地区广泛使用。土家族最古老的史志《土志》即用汉字记土语写成，汉人据《土志》写成的记载土家族土司功绩的《历代稽勋录》，仍保留有大量的土语。即使生活在明朝时期，也必须学习汉文化后才能承袭职位的土司，其名字大多是汉字记音的土语。在明、清两代的地方史志中，其《民族》卷均辟有专章，用汉字将土家语记载下来，以供外人学习，利于与土家族交流。如乾隆《永顺县志》卷四《风土·习俗·语言》记录了144个土家语词和词组，并称“土人言语呢喃难辨”。

土人称天曰墨，地曰理，土亦曰理，人曰那（上声），日曰砚，月曰舒舒，云曰爱浪翁，莽曰所帕，风曰热署，大雨曰墨者，细雨曰墨者喧，下雪曰舒舒者，大山曰卡科，小山曰卡科鼻，水曰辙，河曰爱，路曰喇，池曰熊节，田曰细烈格，火曰米，水曰米那上声，岩曰什体各落，烘火曰土乌，热曰古，冷曰

吊脚楼 ▶

撒，树曰卡木，柴曰卡物，竹曰猛，花曰卡帕，吃酒曰热胡，吃茶曰腊辙胡，吃饭曰只架，行曰喇儿，坐曰猛背，官曰夸……

《楚南苗志》卷六《土志》记录的土家语词和词组有300个之多，称为“嘲哳难辨”。民国时期凌纯声、芮逸夫两先生在湘西做苗族专题调查，对土家语也进行了初步研究，说明当时使用土家语还很普遍。直到新中国建立初期，土家语在本民族地区仍是居于首位的日常交流语言。但目前却是濒于消亡、亟待保护的一种民族语言。

▲

洗车河

北部方言与南部方言

“毕兹萨”按使用区域，可分为北部方言和南部方言两类。两种方言的语音、词汇和语法均存在较大差异，南部方言拥有的浊塞音、浊塞擦音声母和撮口呼韵母，在北部方言中就没有。在两种方言常用词中，同源词占40%，非同源词占60%，相互之间已不能正常交流通话。

北部方言又分为龙山土语和保靖土语两类。龙山土语包括龙山、永顺、古丈等县的土家语，保靖土语包括保靖和龙山的岩冲等地的土家语，两种土语除了在用词的生僻及语调抑扬顿挫、轻重缓急上有一定区别外，无任何语法上的不同，互相之间可无障碍地通话。北部方言历史上曾通行于湖南省的龙山、永顺、保

▲

龚滩古镇

靖、古丈、花垣、大庸（今永定、武陵源两区）、桑植、慈利、石门等县市；湖北省的来凤、鹤峰、咸丰、宣恩、利川、恩施、巴东、建始、五峰、长阳等县市；重庆市的秀山、酉阳、黔江、石柱、彭水等县。南部方言历史上曾通行于湖南省泸溪、吉首、凤凰等县市；贵州省的铜仁、松桃、沿河、思南、印江和德江等县。但目前北部方言仅在龙山、保靖、永顺三县交界处的坡脚、靛房、他砂、猫儿滩、普戎、双凤等乡镇及保靖与古丈交界处的涂乍、断龙等乡镇部分土家族中作为日常用语使用。使用人口数据2004年徐世璇研究员提交给联合国教科文组织中国办事处的《作为一种中国濒危语言的土家语调查报告》估算，仅仅3万余人。南部方言仅在湖南泸溪县潭溪镇下都、铺竹、波洛寨等村寨使用，使用人口1000人左右。

以汉语作为主要语言，偶尔使用土家语的地方现在只有湘西及与之接壤的鄂、渝部分土家族聚居乡镇：龙山县的洗车、苗市、岩冲、水坝、长潭、洛塔、干溪、猛西、内溪、贾市、里耶等乡镇；来凤县的百福司；永顺县的对山、和平、太平、西歧、首泽、勺哈、列夕、泽家、抚志、保坪、青坪、西米、石堤、麻岔；保靖县的龙溪、昂洞、拔茅、比耳、马王、簸箕、仙人，古丈县的茄通等乡镇的部分村寨，其人数仅在10万人以内。其他地区的土家族现在均通用汉语。

抢救与保护

土家语使用范围之所以急剧退化与萎缩，是因为土家族在我国55个少数民族中，与汉族生活区域最为接近，其聚居区武陵山的东、西、北三面凸进汉区，几乎处于汉民族包围之中，长期受到汉语及汉文化的影响。清代“改土归流”后，各级官府又强行禁“陋习”，导致了本民族语言结构系统发生异变，社会交往功能弱化，使用人数减少，衰退程度十分严重。以至于在土家族民间谚语中有“天上无云头不下雨，土家话无汉语难成句”之说。这一现象的出现，现已得到了当地政府的重视，并采取了一定的保护与抢救措施。1983年，吉首大学土家族学者彭秀模、叶德书以北部方言为基础方言，用龙山县猫儿滩镇土家语为标准音点，采用拉丁字母，制订了《土家语拼音方案》（草案），并编写了土家、汉双语课本，于1986年起在龙山县坡脚乡民族小学开展双语教学实验，在取得一定效果之后，从2008年1月开始在龙山县靛房镇、他砂乡，永顺县对山乡等地的部分小学逐渐推广。

2007年，由古丈、永顺、龙山三县申报，经湘西土家族苗族自治州人民政府批准，土家语北部方言被列入第一批《湘西州非物质文化遗产名录》；2009年，经泸溪县申报，湘西土家族苗族自治州人民政府批准，土家语南部方言亦进入了第三批《湘西州非物质文化遗产名录》。2005年至2010年，中国社会科学院民族学与人类学研究所徐世璇研究员，在吉首大学周纯禄先生的协助下，与土家语母语讲述者向民元、鲁美艳等人合作，承担了英国伦敦大学ELDP资助的国际课题Documentation of the Southern Tujia Language of China（中国南部土家语典藏研究）。课题按照语言记录的理论原则和方法论的规范标准，采用录音、摄像等数字化综合科技手段，对南部方言语言进行了高保真的抢救性记录，真实地将土家语南部方言的整体面貌和丰富资料永久性地保存了下来，其成果不仅留存在当地档案馆和有关的科研机构中，还通过网络形式实现了全球共享。

语言归属

“毕兹萨”现认为属于汉藏语系藏缅语族，但语支的归属至今仍未有一个定论。19世纪后半期，旅居伦敦的法裔东方学者拉克伯里在其著作《*The Languages of China Before the Chinese*》中涉及了土家语，认为这是一种藏缅化了的泰掸语系语言。国内最早试图为“毕兹萨”确定语系语族的是凌纯声、芮逸夫两先生，他们于1933年在湘西考察时，接触到了土家族语言，认为“永、保等县的土人语言属于泰掸语系而藏缅语化”，与拉克伯里观点相同，但对土家语语支则未确定。20世纪50年代民族识别时，王静如先生主张把土家语列入彝语支，他认为“湘西土家语乃是汉藏语系中属于藏缅语族，比较接近彝语的语言，甚至可以说是彝语支内的一个独立语言”。1987年出版的《中国少数民族语言》，把土家语列为汉藏语系藏缅语族中语支未定的语言。现大多数研究土家语的专家学者都倾向于土家语确属汉藏语系藏缅语族，但与同一语族的其他语言相比，其个性特点明显，同已经确立的语支的语言都有一定差异，应是藏缅语族中语支未定的一种语言。

有趣的土家族姓名

姓名是民族文化的结晶，反映了本民族历史传统、生活方式、宗教信仰等方面的特点。姓名不仅是个人的符号，也是本民族的名片。如藏族的扎西多吉、次仁旺堆，蒙古族的巴特尔、德

铁锅、三脚、吹火筒

德玛，彝族的曲比阿乌、果基约达等。从其名字上不仅能看出是少数民族，甚至可看出是某个少数民族。而汉族“赵、钱、孙、李”的百家姓，更是男女老少能随口念来。各民族的姓名在一定程度上体现出了本民族的文化特色。

由于接受汉文化较早，土家族姓名与汉族已基本上没有区别了，该族大姓彭、向、田、冉；覃、马、王、黄；张、白、谢、李；陈、罗、龚、杨；庹、夏、刘、戴；朱、周、尚、汪等，亦是汉族常见之姓。姓名的结构基本上是由姓+辈分字+名组成，一般不超过三个字。取名同样讲究吉利，赋予幸福、希望的涵义。就其姓名而言，现土家姓名根本看不出与汉族姓名有何区别。但这些姓名并非是土家族自古以来就有的，而是在与汉族长期交往、融合的过程中，接受汉族姓而得来的。

有名无姓的远古

远古时期，土家族人只有名没有姓。传说中使人类得以再次繁衍的始祖补所和雍妮；世代祭祀的八部大王西梯佬、西呵佬、那乌米、熬潮河舍、里都、苏都、拢此也所也冲、接也会也那飞列也；远古英雄翁可涅铁、磨亮卡替、热其八等，均是有其名而无其姓，这些人名在土家语中都有一个完整的意思。补所是“兄弟”的泛称，雍妮就是“姐妹”之意。翁可涅铁，“翁可”是金子，“涅铁”是老祖宗，即“金子般的老祖宗”；热其八，“热”是老鼠，“其八”是大，即“大老鼠”。

传说中的悲剧人物西兰、嘎尼昭昭、咚咚等同样无姓，其名也具有完整的含义。西兰是“铺盖”（即被面）之意，传说土家人远古无被面，是西兰用“打花”的方式织出了美丽的“卡普”（花）覆在被子上，这才有了被面。后来西兰为了织出更美丽的在夜间开放的白果花，常常于深夜守候在白果树下，竟被她阿巴（爹爹）误杀。人们为了纪念她，就以其名字作为被面的称呼，把织有鲜丽花朵的“打花”被面称为“西兰卡普”，即“有花的被面”之意。嘎尼昭昭这个人名所伴随的故事就更催人泪下。嘎尼昭昭是今天土家族对一种小鸟的称呼，但在远古时候，它却是一个人名。从这些人名的意思及传说故事来看，土家族自古以来是仅有名而无姓的。

知识链接

西兰卡普 即土家语"打花被面"之意。西兰是土家语白果花花名，也是传说中最早把白果花织入卡普之中的一个姑娘名。打花是土家族一种编织工艺技术，即用牛骨或金属挑刀把各种花卉虫鱼、××××飞禽走兽、山水木石等编入织锦中。自己亲手编织的西兰卡普，是土家族嫁女必备嫁妆之一。清代《竹枝词》赞曰：山村处处柳絮斜，闺女生来会打花。四十八钩花并蒂，不知持送与谁家？

嘎尼昭昭 传说有一户穷苦人家有个女儿叫昭昭，因为父母没办法养活她，把她送给一个土财主家做童养媳（嘎尼），人们就叫她"嘎尼昭昭"。嘎尼昭昭在土财主家受到百般虐待，吃不饱穿不暖，生活十分悲惨。一天，嘎尼昭昭在山上砍柴，因饥饿而爬上樱桃树摘樱桃吃，不小心将柴刀掉到岩坎下一只老虎身边，她不敢去取，又害怕回家后遭受公婆的毒打，就在树上吊死了。死后嘎尼昭昭变成了一只小鸟，每到春末夏初的夜半时刻，它就倒吊在树上悲惨地叫着："嘎尼昭昭，嘎尼昭昭。吃了樱桃，掉落柴刀。我想去取，又怕五爪。公婆打我，我格死了。"至今，土家老人听到这种鸟叫，就会叹息一声，说："嘎尼昭昭又叫了。"

即使到了五代时期，见于史籍的土家族上层人物，书中记载的虽然是姓名俱全的标准汉族式姓名，但在本民族内部，他们却都有自己的土名。如铭刻于"溪州铜柱"之上的彭氏土司开山祖彭士愁，土名即叫"墨帖送"，无姓可言。其后来的继任者彭允林土名"麦即把"、彭儒猛土名"夫送"、彭仕羲土名"福送"、彭师晏土名"惹帖送"、彭师宝土名"惹帖恶"、彭安国土名"打恶送忠"等。见于彭氏家谱的土名还有始主俾、惹即送、慨主俾、药哈俾、南木杵、莫古送、大虫可宜等。见于向氏家谱的有谋古赏、达迪、尔莫踵、麦帖送、麦依送、麦和送、麦答送、麦帖踵等。王姓有墨着王、墨洛宠、墨袭宠、墨塔宠等。黄姓有麦和踵、答谷踵、大洛踵等；张姓有麦且踵、那律、麦直踵等。田姓有麦和送、麦答送、麦依送、梭亚只、先什用等。这些都是无需加上姓的一个个完整的人名。

古代土家族人名的构成具有一定的特点，一般来说，常有巴、必之音的人名多指男性，如巴务相、舍巴俾、哈勒必等；而带有涅、尼之音的多指女性，如涅莉、雍尼等。这种功能源于土家族古老亲属制，在这个亲属制称呼中，凡以"巴""必"结尾的称呼多为男性，如"落巴"（丈夫）、"阿巴"（父亲）、"木斯阿巴"（祖父、外祖父等）、"洛必"（儿子）。凡以"涅""尼"结尾的称呼多为女性，如“阿涅”（母亲）、“左巴切尼”（哥或弟的妻子）、“尼可阿涅”（父亲的姐妹）。

起名习俗

土家族给孩子取名时，以拜寄之物作为人名较为普遍。拜寄是土家族一种风俗习惯，即小孩生下来后，必须找一非人类的东西作为这小孩的保护者，相当于汉语所称“干爹”。认为这保护者可在非人间庇佑小孩长大成人，不致早夭，二世也不会投胎于这类东西。拜寄物一般以山水、草木、石头等为多。其选择可有意识地进行，只要老一辈看着顺眼就行。也有无意识地得到拜寄物的，如母亲怀着孩子在一个大岩崖下跌了一跤，或在某株大树下睡着了做了一个吉祥的梦，那么这大岩崖或大树就是将来这孩子的拜寄物。拜寄一般要举行仪式，但较简单，由孩子给拜寄物叩三个头，供上一点食物，然后孩子的父母把孩子的名字告诉拜寄物，求它保佑，仪式即告完成。孩子的名字一般与拜寄物有关，如岩生、树生、岩树、岩保、岩妹、水生、石保等。假如孩子生下来父母已经取名了，那么拜寄后，拜寄之名在日常生活中常常取代原名。还可以以牲畜和家具为人名。在土家人意识中，认为这些东西不需要花很大精力去照顾和喂养，即可长久保留在家里或养大。大凡公鸡、鸡笼、狗子、老鼠、小猪、鼎罐等均可作为人名。小孩较多的家庭，父母又不愿多想其他名字，姓加上排行和

王村风光

性别即可作为姓名。如一家六姊妹，三男三女，姓彭，那么彭老大、彭老二、彭老三、彭大妹、彭二妹、彭三妹即可成为孩子的姓名。这种排列应男女分开，假如最年长的是姐姐，其次是弟弟，这个弟弟因为是男孩中最大的，就须叫老大，而不能叫老二。

由于土家族姓出现时间晚于名，而且多以同姓同宗为一村居住，故土家族对于姓并不像有些民族那样重视。有些姓与名组合在一起时，往往还给人一种姓是多余的印象。如前所述见于族谱所记的古人姓名，将姓加于名之前，成为彭慨主俾、王墨洛宠、向谋古赏、黄大洛踵、张麦直踵、田先什用等，反而不伦不类了。正因为有这种观念，即使现代土家人在给孩子取名时，依然还有只重视名的含义，而忽视与姓的联系，出现了诸如田呀谷座、彭哈勒毕、向热毕、彭呀八等土汉结合的姓名。这些姓名均是土家语的一个完整意思加上姓而成的。如"呀谷座"即鸡笼、"哈勒毕"即狗子、"热毕"即小老鼠、"呀八"即公鸡。甚至一些接受汉文化影响较深的民族上层人士，在给孩子命名时，还是沿用此习俗。如湘西土家族苗族自治州原副州长彭祖贵的孩子就叫彭毕兹卡。对这些人名称呼时均不呼其姓，而仅叫名，如姓名连称，在土家人观念里似乎是不伦不类了，他们认为"呀谷座"就是"呀谷座"，"热毕"就是"热毕"，不需要加上"彭""田"等姓来说明。姓名连称不仅不符合习俗，而且带有不亲热不友好的意思。这种称呼习俗正反映出姓没有名重要。

知识链接 **土家族姓的来源传说** 土家族也有关于姓的来源传说，《摆手歌·人类起源》讲述了补所与雍妮结婚后生了一个大肉球，她们将肉球砍成一百二十块扔出去，每一肉块落地就成为一个村落，该村落就以落地之处为姓。扔在田里姓田，扔在井里姓井，扔在刺蓬上姓蓬，扔在树叶上姓叶，从此以后土家人有了姓。这种传说就明显地带有汉文化影响的痕迹，因为在土家语里，"田"的发音是"石沟的"，"井"的发音是"泽猛"。"石沟的"和"泽猛"都不具有"田"和"井"的音。但传说正表明了土家族是在汉文化的影响下出现的。

汉姓由来

土家族姓的出现远远晚于名，是因汉文史籍对土家族首领名字的汉字记音而逐渐形成的，并非是自己的创造。如向姓是源于廪君之名。廪君名叫巴务相，巴务相是一个名，在这个名里，巴并不是姓，而是一个赞美词，是部落民对首领的一种称颂。土家语带有“巴”音的词大多含有重要的意思。如“科巴”是脑袋、“阿巴”是父亲、“其巴”是大、“黑巴”是那么大、“卵巴”是丈夫、“厄巴”是长、“啊巴”是公的意思，等等。如尊首领为父亲，则是阿巴；如尊为丈夫，则是卵巴；如尊为头，则是科巴；如赞美其伟大，则为其巴、黑巴；如赞扬其男性的雄壮，则为啊巴等。总之，不论是称为“父亲般的务相”，或是赞为“伟大的务相”；不论是称为“大丈夫务相”，还是赞为“雄壮的务相”，都有“巴”音在内，但他的名字实际叫“务相”。可是在方志记载中，务相的“相”则成了汉姓的“向”。乾隆《长乐县志》记载得最为明确：“廪君世为巴人主，务相，其开国有功者……但土语讹‘相’为‘向’耳。”今清江、澧水等地向王庙、向王桥、向王滩、向王天子庙等遗址，无一不是祭祀廪君务相的，就是由“相”而“向”的一个明证。显然，这个“向”比原来那个“相”更具有汉姓的特征。

又如鲁姓，传说他们是土家族远古时代的大力士努力卡巴的后代。努力卡巴的故事在土家族流传很广，他是老蛮头恶着冲的一员大将，身扛万斤，力大无穷，但有勇无谋。据说土王击败恶着冲后，用计收服努力卡巴，两人比力气大，土王拿一张纸让努力卡巴扔过墙，努力卡巴使劲一扔，纸飞起后又掉了下来，扔几

秀山石堤古镇中码头

知识链接 **努力卡巴** 土家族传说中的英雄人物，力大无穷，有勇无谋。传说他抗击外敌入侵，把自己瞎眼母亲挟在腋下，单手与敌人作战，杀死百余敌人后，才发现自己母亲被挟死了。在一次练武时，别人用石碓窝互抛练臂力，他则将石碓窝高高抛起用头去接，结果被砸死了。

次都没过墙。土王说："你力气太小了，一张纸都扔不过墙，我一叠纸都能扔过墙。"拿了一叠纸一扔就过了墙，努力卡巴拜服了。努力卡巴这个人名在汉字记录时常常写为鲁力卡巴，后人以他为祖先，用其名冠于己名上，成为鲁姓。

土家族先民见于史载的姓很多，《后汉书·南蛮西南夷列传》："巴郡南郡蛮，本有五姓：巴氏、樊氏、瞫氏、相氏、郑氏。皆出于武落钟离山。"该书在"板楯蛮"条载其渠帅（首领）有"罗、朴、昝、鄂、度、夕、龚"七姓。《华阳国志·巴志》载賨人"罗、朴、昝、鄂、度、夕、龚七姓不供租赋"。《蛮书》卷十载巴人"本有四姓：巴氏、繁氏、陈氏、郑氏"。《风俗通义》卷三载："賨人卢、朴、沓、鄂、度、夕、龚七姓。"这些姓因字的形似或读音相近的原因，逐渐演变成今天土家族的姓。以字的形似为例，今天的"覃""谭""潭"姓，就是由古代巴人的"瞫"姓演变而成。尤其是覃姓，至今土家族相当一部分地区居然还读"瞫"的音，念为"沈"。度与庹、沓与昝、袭与龚均是由字的形似而来；读音相近的则有夕与谢、繁与樊、朴与彭等。土家族有语言无文字，原来的名字中的某字是否是姓，所记这个字究竟是否合乎其原意，他们是不知道的，因而也不会去探究。只有当他们接受汉文化到了一定的程度，才会考虑其姓所用之字是否得当，是否与汉姓相似，才有意识地选择规范化的姓字。

姓名与血亲关系

由于名是土家族自身文化所产生，而姓是在汉文化影响下出现的，因此，土家族对姓的理解并不是《白虎通义·姓氏篇》所言"人所以有姓者何？以崇恩爱、厚亲亲、远禽兽、别婚姻也"，即用姓来确定共同始祖，辨别血缘关系，禁止血缘内通婚，而赋予了与汉族姓不同的功能。

姓辨血亲

与汉族一样，土家族也有用姓来辨血亲的习俗，但却没有“同姓不婚”的观念。一些姓如彭、田、井、吴等，均可同姓通婚。即使是在封建社会里，一些接受汉文化影响较深的民族上层人物，依然保持着这种习俗。如明代永顺宣慰使司第二十代土司彭世麟，所娶之妻为两江口长官司（今湖南龙山县隆头）彭胜祖之女；明末清初时，保靖宣慰使司第三十五代宣慰使彭鼎所娶之妻，是永顺第二十七代宣慰使司彭弘澍之女彭元英、彭德英姐妹；彭鼎之子彭泽虹之妻亦为彭姓。对于这种同姓婚姻的习惯，土家人认为，这些同姓在历史上并不是一族人，没有血缘关系。如彭姓有“端午彭”“四月八彭”之分。“端午彭”是指过五月十五大端午节的彭姓人，“四月八彭”是指过四月初八牛毛大王节的彭姓人。端午彭是不过牛毛大王节的；反之，四月八彭也是不过大端午节的。田姓也有这样的区分，但没有诸如“端午田”或“四月八田”之名称。吴姓则以是否忌吃狗肉来区分。由此就可看出，土家族“同姓可婚”，并非是不懂近

铜雕：抬花轿

知识链接 **哭嫁** 土家族嫁女一个重要习俗，即在婚前一个月或半个月，用哭述的方式表达对父母的感恩、对亲人的眷念、对玩伴的不舍、对媒人的不满等。有新娘主哭、母女对哭、长辈劝哭、玩伴陪哭、少女学哭等形式。韵律悲哀、字词感人。清代《竹枝词》记曰：“听说人家嫁女娘，邀呼同伴暗商量。三三五五团团哭，你一场来我一场。”

哭嫁

亲不能结婚这个科学道理，而是用风俗习惯不用姓来作为判定血缘关系的标志。

与同姓可婚观念相适应的是异姓不婚。就今天的观念来说，只要不是五代以内的亲属关系，异姓结婚在姓上是绝对不会受到指责的。但土家族则不然，一些异姓是不能结婚的，如郑、周、李三姓间；鲁、尚二姓间；向、尚二姓间；彭、王二姓间；田、庹二姓间；张、石、瞿三姓间；覃、田二姓间等。即使没有任何亲属关系，也无任何世仇，他们之间是不允许通婚的。这种现象在“九节牛角”传说中可找到一定的说明依据。

知识链接 **九节牛角** 据说很久以前，辰州府官兵攻打毕兹卡，土家人有九兄弟被围在一座山上，为了不致全家被斩尽杀绝，他们商议各取一个不同姓的汉名相互称呼，以蒙哄辰州官兵，伺机冲出去。为了防止后代因不同姓而不相认识，他们将牛角锯为九截，各拿一截，如今生不能相聚，子孙以牛角为凭，定要凑拢九节牛角。但兄弟分手后，几代人过去了，十几代人过去了，九节牛角始终没有凑拢，人们也不知道哪九姓原来是一家人。今土家族中不能通婚的几个姓，对于他们之间不能通婚的原因，均说他们祖先曾是一家人，或许这是类似“九节牛角”传说中的事件，导致了他们一家人出现了不同的姓。在这里，异姓反而成了识别同一血源的标志。

亲属称谓

土家人给后代命名时，虽然草木山石、牲畜家具随口而叫，均可作为人名，没有什么禁忌。但当姓名作为区分人的标志，使用在口头称呼时，则有一定的虽不成文但祖祖辈辈沿袭下来的习惯，对于这些习惯，就不能随便了。

在土家族古老亲属制里，父系和母系这两个不同系统的称谓是没有区别的。祖父与外祖父、伯叔祖与外伯叔祖及舅祖父都称为“木斯阿巴”；伯父和姨父同称为“巴耶阿巴”；祖母和外祖母、姑祖和外姑祖及姨祖母都称为“木斯阿涅”等。由于父、母系没有区分，而土家族又习惯于同宗同姓聚为一个自然村，如果只说“木斯阿巴”或“木斯阿涅”，不加以说明，则不知究竟指谁。因此，对长辈称呼时，除非被称呼者能明显地被区分出（如在场者只有他一位老人或仅她一位是女性），否则，应加上被称呼者的名。用汉语称谓就是××伯伯、××爷爷这种形式。这种对长辈既直呼其名，又叫其爷、伯的方式虽然很矛盾，但土家人已习以为常，不认为是不礼貌的行为。

对同辈的尊称是在名字后面加上哥或姐，如岩树哥、岩树妹等。但尊称常常只用于不太熟识的人。对于熟识的人，则是另一种称呼方式。这种称呼一般是以被称呼者家里的长子名（应是拜寄名）为依据，加上被称呼者与长子的关系而成。如某家的长子叫岩树，别人叫他的二弟、三弟时，即使他们都有自己的名字，但均不直呼其名，而叫岩树二佬、岩树三佬。同样，其妹应叫岩树妹。平时对同辈的称呼是将排行放在名前来称呼，但应用本名而不是拜寄名。如大鸡笼、二鸡笼、三鸡笼或者大鼎罐、二鼎罐、三鼎罐，等等。长辈对于晚辈也可用这种称呼。

未成年的小孩虽然都有名字，但一般认为这是“书名”，即到了读书年龄时才使用。未到这一特定年龄，不论是长辈或同辈，对未成年的男孩一律称为“佬佬”，未成年的女孩则统称为“妹妹”。爷爷叫孙女为“妹妹”，这在外人看来是极为奇怪和可笑的，但土家人却认为这样称呼是极为平常和自然的。

在熟悉的人之间，称呼较为广泛。地理方位可作为称呼，如岩屋二佬，即住在岩洞里那家人的老二；上坎三尒，即住在自己家边上地势高一点那家人的老三；大田脚老四，即住在大田边上那家人的老四。职业可作为称呼，如彭木匠、向岩匠、田瓦匠等。生理特点可作为称呼，如三驼子、二瞎子、麻子等。但以生理特点作为称呼只适用于同辈间或长辈对晚辈间，如晚辈对长辈这样称呼，则视为没礼貌。但有一个例外，即未成年的小孩对爷爷辈的人，可以用驼子爷爷、麻子爷爷这样加上辈分尊称的方式来称呼他们。

在土家族日常生活中，称呼实际上已取代了名字，而姓名仅在一些特定的具有庄严性质的场合里使用。如画押签字、上学注册等。由于土家人在平时大量使用的是称呼而不是名字，因此，日常称呼实际上具有名字的性质。

随着社会发展和文化水平的提高，土家族的姓名不仅在字音方面，而且在功能方面已越来越类似于汉族姓名了。如对于“同姓不婚”的概念已有所接受，现同姓结婚的人已较少了。而受过教育的年轻人对于某些异性不能通婚的禁令亦有所冲破，向与尚、彭与王等原来不能通婚的姓，现在结婚并不稀罕了。在给后代命名时，注意到了名字的吉祥性、象征性及音韵的协调，长辈也往往将自己的希望寓于晚辈的姓名中，像张富贵、彭家发、田多这样的姓名已逐渐取代了公鸡、老鼠、鸡笼等名字，姓名的含义逐渐复杂。这种变化，在城镇或交通发达之处表现得最为明显。在这些地方，单凭姓名已无法区分哪些是少数民族、哪些是汉族了。虽然在交通不便、土家语仍为日常生活用语的地区，如湖南省龙山县坡脚乡，保靖县龙溪乡、普戎乡等地，土家人在姓名上的一些特点依然保持着，但在教育水平逐渐提高的发展趋势下，土家族姓名将越来越与汉族接近，这是民族融合的必然，也是历史发展的必然。

土家赶年

“赶年”习俗

土家赶年被认为是土家族最具代表性的民族特征之一。它是土家族最大的节日，相当于汉族的除夕，但时间一般比汉族提前一两天，也有提前三四天过节的。因其时间提前，有人认为土家

打年粑

年称之为“赶年”，是因赶时间而得名。这是一个误解，因土家族年与汉族年相比较，并不是仅仅提前几天，而是之前延续的一个时间段，是从容不迫、有条不紊地逐步备年，丝毫没有紧迫性的“赶”。

土家年实际上从腊月二十三日就开始了，这天叫过小年，主祭未满三年的新亡人。二十四日扫檐尘，即打扫卫生，传说这天历代祖先回家过年，所以一大早就要扫除檐尘，疏通周边阳沟，铲除周边杂草，将屋内屋外彻底打扫一遍。从这天起，一家人不能吵吵闹闹，要干干净净、安安静静地迎接祖先返家过年，齐心协力为过大年夜准备年货。备置年货有一顺口溜：“二十五，做豆腐；二十六，杀年猪；二十七，做炒米；二十八，打粑粑；二十九，样样有。”二十九日即除夕的前一天，就是全家齐聚吃“团年饭”的时间（如是小年没三十日，则相应提前至二十八日）。

吃“团年饭”之前，要在堂屋柱头上插上松枝、梅花，中间挂好麻布围帐，将祖先神位牌从神龛上拿下来，放入围帐里的大桌上，摆好猪头、供果等祭品，意为祖先们在松柏林和梅花园的帐篷里过年。家里的农具如犁、耙、扮禾桶等，家具如柜、桌等，家畜圈如牛栏、猪圈、鸡窝等，都要贴上钱纸，期盼来年生钱。年夜饭的制作有其特别之处，不论家里人口多少，都需用杉木桶甑子蒸一大桶米饭，饭上面还要放上坨坨肉一同蒸熟，有趣的是，这些坨坨肉有时还要用麻绳穿起来。菜肴除通常的鸡、鸭、鱼、猪、牛、羊外，还有一道必备菜，叫“合菜”，即把猪杂、肉丝、豆腐、粉条、黄花菜等合煮在一起。

知识链接 **赶年的传说** 这些习俗的形成据说都与祖先们打仗有关系：提前一天或数天过年是为了不误战时；把祖先神位置于松梅园内的围帐是因为出征是住帐篷；将坨坨肉用麻绳穿起是为了战时转移携带方便；把各类菜合于一锅煮是因为战场上没有时间分类细炒只能合煮。从这些传说的性质来看，土家年俗的形成应与军旅生活有极大的关系。

“赶年”习俗与军旅之缘

土家赶年最神奇之处是在于它的“赶”，“赶”不是“赶时间”，而是“赶人”，即追赶行人。过年这天，如当天杀了猪，先

▲

土家族过赶年——拜土地菩萨

将整头猪放在门后并用蓑衣或斗笠盖好，如没有杀猪则将团年饭的菜肴放在门后藏好。然后家中一人持刀在门角等候。若有人从门口经过，即拿刀追赶，如长时间无人经过，则由家里青壮年者手持梭标，身披蓑衣前往路口埋伏等候，只要看见行人，即手持梭标跃出拦截，行人大惊必然夺路而逃，赶人者则随后猛追，这被追赶的人越害怕越好，高呼“好汉饶命”最佳。然而赶上了并不是抢劫，而是一定要拉到家中吃一顿酒肉，共享年饭。害怕开始，惊喜终结，让毫无心理准备的行人哭笑不得。但在过年之日要抓上一个人回来谈何容易，如无人可赶，埋伏路口者可立身向外挥望三次，表示完成了这一赶人任务后回家。据说这“赶人”也是与军事活动有关，预祝新年能抓到战俘。将菜肴放于门后藏好，象征的是在平常日子里抓住的战俘，而不是在大吃大喝的节日里。遗憾的是，这神奇的赶人习俗随着土家族历史的发展，传承地区也渐渐缩小。但在20世纪50年代，酉水流域中上游地区仍保留有这一习俗。

1957年6月，湖南省湘西土家族调查组编写的《湘西土家族的传说和故事资料》记载了“杀年猪为什么要盖上蓑衣或围上围帐”这种习俗：

有的地方，若拿梭标赶到了人，就请那个被赶到的人来吃一餐肉。若没有赶到人，则要蹲着往前头看三下（次）。

1985年湖北省来凤土家族自治县编印的《来凤土家族历史简

编》也记载有：

风俗上的特别之处，莫过于腊月过年时杀猪接祖先，有的地方，杀猪后把猪放在门后面用蓑衣盖上，一人持刀在门角等候。若有人从门口经过，即拿刀追赶，赶上了一定要拉到家中吃一顿酒肉。

向国平先生在《略谈土家“赶年”的民俗意义》中也记录了这一习俗：

土家族过年有一个非常奇特的风俗，在杀年猪之后，将猪肉放在门后，用斗笠盖好，然后家长身披蓑衣，手拿一根梭标，出门去追赶一路人回来一起吃杀猪菜，这路人被追赶得越害怕越好。

20世纪70年代前期，这种习俗仍在保靖、永顺、龙山、来凤等县偏僻土家山寨保留着，当时不少下乡支农、支教的干部在除夕之前回家过年的途中，都有过被“赶”的经历，这一经历也成为他们回家后，与家人团聚在年三十最为有趣的笑谈。

正因为土家赶年与军旅生活关系极为密切，相当一部分人认为，土家族提前过年是因为明朝时征调土家族土兵去东南沿海抗倭，土兵须按时赶至江浙的指定地点，为了不误战时，便提前一天过年出发，沿袭下来就成为土家过年的习俗了。之所以称为“赶年”，就是因为要赶时间。但这种说法并不能成立。因为从土家族生活的湖广行省武陵山地区前往东南沿海，按行军速度约需两个月的时间，按时赶赴战场并不在乎提前一二天。同时，从史籍记载来看，最早的土兵抗倭并非是在春节前赶赴战场的。据明代成书的《嘉靖东南平倭通录》载，征调永保土兵的起因是在嘉

杀年猪

土家腊肉

靖三十三年（1554）正月，倭寇猖獗，大肆抢掠苏松、太仓、如皋、海门、扬州等地，并杀州府官员，明军不能敌。三月，紧急调兵部尚书张经总督浙、福、江南北军务。张经"请并调永顺、保靖等宣慰司各率兵剿贼"而起的。而永顺、保靖两宣慰司土兵投入抗倭战场，见于该书记载最早的战斗是嘉靖三十四年四月的"三丈浦大捷"，以及五月被誉为"东南抗倭第一功"的"王江泾大捷"。既然张经请调土兵是在三月，那么土兵出发不可能在春节前，只能在春节后，与提前一天过春节无任何关系。清代人所著的《明史》虽然记载嘉靖三十三年冬调永顺兵"剿倭贼于苏、松"，但也明确出征时间是在嘉靖三十四年四月，"时保靖兵败贼于石塘湾"，即当年四月的"三丈浦大捷"，出征也不在春节时。更为重要的是，土家族土兵抗倭时间是在嘉靖三十四年至三十七年间，短短三年数千里之外的远征，怎会导致土家族本地风俗习惯的改变，难道当年土兵出征了，其家眷还要在家里连续三年提前一天过年？而三年抗倭结束后，土兵回来了，大家还要提前过年？显然，明代抗倭并不是形成"赶年"的原因。

但是，土家赶年中一系列与军旅有关习俗的形成，虽然与明朝抗倭无关，却与明朝的征调"边班"有关。

知识链接 **"边班"** 明朝班军制度中的一个内容，班军制度是指卫所军士离开其驻所地，周期性地轮番守卫指定的、相对固定的地点或地区的一种常规的军事行为。守卫京师的称为"京班"或"京操"，守卫边关的称为"边班"，其期限一般为一年，轮班戍守。我们今天所谓的"上班""轮班"即来源于此。

明朝对永顺、保靖两宣慰司的土兵征调十分频繁，既有临时性的紧急征调，也有常规性的征调。紧急征调如征大藤峡、抗倭、援辽都是影响全国的重大事件。常规的征调是与卫所军队一样，每年都须轮番戍边，即所谓的“边班”。土家族土兵当时轮班戍守的是为防范苗民起义的湘黔边境的“边墙”，即今天所谓的南长城。这在明万历《贵州通志》卷十八《兼制志·兵防·湖广》中记载得很清楚，在沿边墙一线各哨所中，绝大多数守军是由“土兵”担任。军官亦是由“舍把”“舍目”担当，这是土家族土司官职里中、低级官员的土家语读音。让“土兵”防苗，显然是明王朝“以蛮制蛮”的结果。既然“舍把”“舍目”“土兵”已成为各哨的固定编制，土兵“边班”必然成为了常态。“边班”为一年一轮换，轮换时间为每年年末最后一天，即除夕之日，也就是说接班的土兵应在新年第一天上岗。清嘉庆《龙山县志》卷七《风俗》说得很清楚：“前土司出兵，正值除夕日，令民间先期度岁，后遂以为常。”“先期度岁”是为了不致影响轮班。从永顺、保靖两宣慰司到边墙戍守地，以军队行军速度计算，其路程大多只需一天，近者大半天即可到达，稍远者两三天也能赶到。为保证在除夕之日赶至值班地点，土兵们视其路程的远近而提前过年，于是提前过年有了不同的日子，远者提前三四天，近者并不需要提前一天，而是一大早过年。所以，今天土家族过年既有提前一天的，也有提前几天的，还有仅提前半天过年的，即在除夕当天凌晨3~4点钟吃年饭。因绝大多数是提前一天过年，所以成为了土家人认同的过“赶年”习俗。这种风俗习惯的形成正是因卫所的“边班”制度造成的。而过年期间用梭标追路人一同过年，且路人越害怕越好，正是为了祝愿当年的“边班”能捕获俘虏，取得胜利。由于土家族在土司统治时期其土民均编入旗中，闲时为农，战时为兵，所以轮番“边班”已是土民日常工作中的一个主要内容。明朝近300年的历史，年复一年，“后遂以为常”，发展成为今天土家族具有标志性的节日习俗。

土家族过赶年——祭拜水神

欢迎光临

第五章
传统的衣食住行

土家族善织，秦汉时的“賨布”、隋唐时的“溪布”、今天的“家机布”，一脉相传。土家族有衣，传说中的“媚”最早用骨针把天然植物针织成了服装，其服饰在今天毛古斯表演中仍有再现。土家族有屋，“家家临水作吊楼，半是村街半是浮”的吊脚楼与转角屋，是南方少数民族传统干栏建筑的典型代表。土家族善行，一套不成文的行路俗规，是最古老最富有人情味的交通法规。土家族有舟，“蓬舟乱中流，无所施樯桿。十夫挽而行，人声水声闹。我生命在天，安危任所到……”是行舟难的真实写照。土家族有食，最大特点是喜食酸辣，不论是蔬菜还是鱼肉，土家族都能制作出多种多样的酸辣腌菜，“一天不吃酸和辣，饭菜如嚼木渣渣”。但“酸辣当盐”的俗语，却又是以乐观词藻掩饰的辛酸话。

▲

土家族传统服饰

短裙椎髻斑斓服：传统服饰

服饰

服饰是一个民族特征的重要载体和外在识别标志，传统的土家族服饰虽与其他民族一样，主要功能是遮体御寒审美，但因其独特性也成为自己民族的外在识别标志。现今人们区分土家族与苗族这两个居住最紧密的民族的服装时，最简单的一个方法就是：土家服装有领窄袖，苗家服装无领宽袖。但这仅指两者样式而言，服装上的刺绣与花样也有区别，本地人一眼即可识别。

土家族远古、古代、近代的服装均有所保存。在土家族传说中，最早织布制衣的人叫“媚”，她最早用骨针把天然植物针织成了服装，其服装在摆手歌中描绘为“身上捆的棕片片，头上戴的芭茅草”，每年土家族在过年时表演毛古斯时，用棕片、稻草或茅草编织的服装就会展示一番，使今天的我们能直观地看到远古时代土家族的服装。

大约在秦汉时期，史载土家族所织的布叫“賨布”，后成为朝廷征收赋税的主要品种，可知其纺织工艺在当时已处于先进水平。土家族在这一时期已脱离了毛古斯式的服装，有了用人工纺织的布缝制而成的服装。1987年在张家界永定区卧虎岗一西汉墓中，出土了一尊“西南蛮夷跪式青铜铸像三烛台”，男俑头戴编织帽，上身袒胸，下身着裙，佩带挎右肩，左肋佩长刀，非常真实地反映出了汉代土家族服装。男人着裙的习俗在土家族生活中保留了相当长的时期，以至在清乾隆《永顺府志》中记载：“土司时男女服饰不分，皆为一式，头裹刺花帕，衣裙尽绣花边。”其记载与青铜铸像服饰惊人一致。这裙即为八幅罗裙，在今天梯玛主持的法事道场中，梯玛上身为红色法衣，下身所穿的就是八幅罗裙。之所以称为八幅罗裙，是因“賨布”布幅窄，需要八片布料拼凑缝制而成。今天土家族姑娘所穿的长裙外系八条彩带，就是由八幅罗裙演化而成。

土司统治时期，土家族织布技术有了较大进步，原单一颜色的“賨布”变成了多色丝线混织的“溪布”，《溪蛮丛笑》释“溪布”曰：“绩五色线为之，文彩斑斓可观。”服装因而也有了相应变化。由当时土家人自己撰写的明代《永顺宣慰司志》记载：“男女垂髻，短衣跣足，以布勒额，喜斑斓色服。”“妇女喜垂耳圈，两耳之轮各赘至十，饰项圈、手圈、足圈。”按明代习俗，庶民着衣离地五寸，妇女为遮足应长裙曳地。但当时土家族是“短衣跣足”，且“喜斑斓色服”。可知土家族当时并不着长衫，且极少穿鞋，懂得以植物或矿物印染衣物，制作出色彩鲜艳的衣服。

土家族女服

织锦背包

头巾

“以布勒额”指裹有头巾，土家人不论男女，在古代服饰中，头巾是必备之物，一般都长达丈余。其颜色与“斑斓色服”极为不同，不加任何色彩为白色。头巾不仅仅是为防寒，翻山越岭上下峭壁时，还可顶绳索之用。在土家武功中，“帕子功”是重要的一种。

传说古代一师傅传授武功完毕回山途中，众徒弟手持刀、矛追来，想“徒弟打师傅”。老师傅一再劝说，徒弟们自恃手中有武器而师傅空手无物，一定要比试一番。结果师傅解下头巾，一挥手即将徒弟手中武器尽悉裹走，众徒弟悻悻而归。

从这个传说中就可看出头巾对于土家族的重要性。

佩饰

耳圈、项圈、手圈、足圈的大量佩戴，不仅仅表述了当时土家妇女的审美观，还说明当时土家族金属冶炼技术和工艺品制作技术的高超与普遍，才使银饰耳圈竟能“两耳之轮各赘至十”，令人咋舌。

绑腿

《楚南苗志》卷六《土志》《皇清职贡图》等史籍，从服饰、风俗、语言、性情等方面，图文并茂地对今土家族作了记载，可看出土家男女均绑有裹腿，这是与山地劳作有关，既可防荆棘将裤腿撕破刺伤皮肤，也可防早行露水沾肤长“露水疮”，还可防毒蚊虫、毒蛇的叮咬，一举数得。因而，至今一些土家老人还有裹绑腿的习惯。

土家织锦——西兰卡普

服饰改制

“改土归流”后，土家族服装因被强令改制而产生了非常大的变化。土家族地区各新建的府、县，均以檄示的方式严令服饰改制。雍正七年（1729），第一任保靖知县发布五条禁令，其中就有“严禁短衣赤足”“严禁白布包头”，并明令“限一年”照汉人服色“穿袍褂、着鞋袜”，“穿长衣、长裙”。永顺知府在《详革土司积弊略》中明令“服饰宜分男女”，引导土民“分别服制”。在各级官府的严令禁止之下，土家族民族服装渐渐失去男女均着衣裙、白布裹头等特色，变成了男女有别的男裤女裙，青丝头帕的装束。但男对口开，女胸满襟，立领布扣的上衣。男大腿裤，女短裙的下装，及领口、袖口、衣沿、襟沿、裤口等处绣花或装饰不同颜色布条的习俗仍没有改变，保留至今。

一天不离酸和辣：传统饮食

土家族居于深山之中，山地贫瘠，地多田少，再加之生产技术落后，人民生活自古以来就处于艰难贫困之中。乾隆《辰州府志》载：

高坡侧壤，广植荞麦、包谷诸杂粮，虽悬崖之间亦种之。冬则伐山、渔猎。岁稍歉，则入山采蕨、掘葛根滤粉以充食。

◀ 炸耳糕

光绪《龙山县志》亦载：

山谷居民，日食杂粮、甘薯、芋头，岁荒并采蕨、葛济食，取不饥而已。

从乾隆至光绪百余年时间，土家族生活方式没有任何改变，主食以包谷、小麦、燕麦、荞麦、红薯、马铃薯为主，河谷之处也出产稻谷。辅食为蕨、葛、野菜或渔猎收获。菜蔬类品种较多，青菜、白菜、韭菜、萝卜、茄子、辣椒、南瓜、冬瓜、丝瓜、豇豆、四季豆、禾眉豆等最为常见。

▲

土家酸鱼

土家族饮食最大特点是喜食酸辣，文雅有“酸辣当盐”之语，通俗有“一天不吃酸和辣，饭菜如嚼木渣渣。三天不吃酸和辣，行路脚软眼睛花”之说。土家族能制作出多种多样的酸辣菜，几乎所有蔬菜类品种以及鱼、肉都能制作成酸菜。酸菜可分为水、干两类，水酸菜以酸汤为主，盛于缸、坛、桶等容器之中，然后将蔬菜分类放入不同的容器之中，忌混放，以免串味。菜类如切为段、片、丝，一般一天后即可食用。如整株整块放入，则可放置一星期或更长时间。干酸菜大多数应切为丝或者剁成碎粒，放入坛子之中，然后用包谷棒外壳叶、桐树叶、芭蕉叶等盖严，再用竹条将覆盖物圈紧，将坛子倒过来，坛口置于水盆中，断绝坛内空气，使坛内菜经过一段时间后自然发酵变酸，一般余月可以食用。

酸菜鱼煮豆腐

干酸菜

干酸菜原料也可分为干、鲜两类。鲜类酸菜以新鲜蔬菜放入坛内密封即可，如萝卜丝、大头菜丝等。干类酸菜的原料要先行加工。如土家族历史上曾作为贡品的青菜酸制作，先将青菜从地里收回，除去泥沙、老叶，不要水洗，挂于绳上让鲜菜水分自然挥发，至半干后切碎成丝，拌入适当的盐（也可不放盐），再摊在晒簟或木板上让水分进一步蒸发，最后放入坛子腌酸，其他块茎、豆类原料加工程序基本相同。酸鱼、酸肉的制作类似干类酸菜方式，不同之处是制作时要加作料。先将肉切成小片，鱼如一尺大小则用整条。将肉、鱼用已掺入盐和香料的米粉或小米裹好拌匀，再把肉装坛压紧，隔绝空气使鱼肉发酸，一般一个星期后即可食用。所有的酸菜在取出一部分食用时，剩余在坛内的酸菜还须倒置入水盆中隔绝空气，否则会变质。

“酸辣子”

土家族还有将酸与辣结合在一起的菜肴，即著名的“酸辣子”。“酸辣子”分两类，一类是用辣子直接加工成酸菜，切碎、整个入坛腌酸均可。另一类则需在辣椒中加入粮食，称为“包谷酸”“糯米酸”“大米酸”等。制作方式均一样，先将粮食打成粉，拌入切碎的辣椒，再用菜刀充分剁碎搅

子姜辣椒闷蛇

拌，使辣椒与粮食粉混合一体，最后放入坛中，隔绝空气使其发酸。“糯米酸”还有另一做法，将大红辣椒剖开去籽，塞入用水拌成团的糯米粉后合拢，再入坛腌酸。“酸辣子”是土家族家家必备菜类，每家每年必做几大坛。可干炒，可煮汤，还可加入其他菜类中提味，如作为扣肉扣底，又如在炒白菜、萝卜、豆腐、地耳、野葱等菜时，加入一点稀薄“酸辣子”汤同煮，味道绝佳。不论你是否嗜好酸辣，食后均会赞不绝口。包谷饭拌酸辣子是土家族上山劳作时最常带的午饭。

▲

烤鸡蛋

干菜

土家族还善于制作干菜，水分少的块茎类、水分多的叶类蔬菜，甚至水分量特多的冬瓜、西红柿等，都可制成干菜长久保存。干制的鱼、肉更是声名远扬，“土家腊味”已是土家菜系列中不可缺少的品种。鱼肉、牛肉、野生动物、猪肉、猪内脏、禽类均可制成腊味。

腊味制作需要一定的经验和技术，以制作腊猪肉为例，要选择一年生本地黑山猪，猪宰杀后刮毛洗净，倒吊起来后开膛破肚取出内脏，此时注意的是开膛后的猪肉不应再沾上水。然后将猪肉分边，放在案板上切成条。与此同时，将盐、花椒粉、八角粉等放入锅中混合炒香，乘鲜肉还冒热气时抹上，分层放入缸内盖

◀ 传统饮食

上木板，压上石块腌制，这样可让肉内水分渗出，使盐和香料均匀浸透肉里。腌制的肉约十天后取出，缸内留下的从肉里渗出的水，还可放入豆腐腌上数天，味道鲜美无比。取出的肉挂在火塘上方或灶头前的炕架上，每天用松枝叶、香叶子、橘皮、柚皮等烧烟，让适度热量的烟火慢慢熏烤，至肉干色泽金黄即成为腊肉。腊肉挂在架上至少可放置一年不变质，放在食油内浸泡或置于谷壳中保存时间更久。腊肉可蒸可炒，色香味俱全，一年期的老腊肉更是上品，有俗语赞曰，“清明酒醉，腊肉有味”，指的就是老腊肉。倘若客人来到土家山寨，腊肉是必不可少的待客佳肴。

转角屋与吊脚楼：传统民居

走进武陵山区，来到土家山寨，不论你留心与否，在那青山碧水之旁，丛林绿荫之中，一座座飞檐吊廊造型别致的木楼，或依山就势、高低错落，或临水半挑、欲伸还屈地展现于眼前。典型的如湖北宣恩彭家寨、湖南张家界王家坪等。诚如乾隆《龙山县志》卷三所载，似有人间天上之感。

民居数十家，或架树枝作楼，或两树排比作门户。至崖尽处，则万树葱茏环拥于外，若栅栏然……遥望山半庐舍鳞次，竹

土家民居

树掩映，宛然悬壁画图。鸡犬声音在天上。

▲

转角屋

在这些鳞次栉比、林林丛丛的木楼中，既有饱经风雨侵蚀而满目历史沧桑的老屋，也有桐油通体遍刷而显露蓬勃生机的新居，古老与新生相互交集，历史与现代交错辉映，不由你不感叹人力之功与大自然如此和谐。

土家族经历过洞穴、树巢、茅舍、干栏等居住方式，现流传下来最具特色、最基本的建筑式样是“转角屋”与“吊脚楼”。转角屋顾名思义，即房屋不是一字形，而是曲尺形，在一字形的正屋上加一间直角拐角房。吊脚楼则是将拐角房建为两层，一楼位于土坎或河坎下，二楼与主屋一般高并相连，悬空立于土、河坎之上，三面走廊突出，以数根短柱与屋檐挑手相挂，悬空伸出。每根立柱在走廊之下都有一个下垂的突出柱头，刻成四方、六棱、八棱或金瓜形，更衬托出走廊被“吊”着印象。从远处遥望，屋顶飞檐宽过二楼走廊，走廊又宽过一楼立柱，故而得出“吊脚楼”之名。吊脚楼也称为“转角楼”，这是指其屋顶飞檐上翘而言，两个名称不同，是因为一指“脚”，一指“角”的区别。吊脚楼修建工艺复杂，尤其是飞檐的外伸反转上扬和走廊悬空外挂，对木匠技术要求很高。因而土家族山歌唱道：

山歌好唱难起头，木匠难盖吊脚楼。岩匠难凿石狮子，铁匠难打钓鱼钩。

吊脚楼最常见的是单吊，即仅仅在主屋一侧有楼，形象地称为“钥匙头”。较少见的是双吊，即主屋两端对称地建楼，形象地称为“撮箕口”。最罕见的是在两楼之间再加上门楼，形成主屋高院落低的格局，形象地称为“四合水”。大户人家还会依山势发展成“二进一抱厅”“三进两天井”等格局，如永顺芷州土司住宅，因山势而建，东低西高，顺山而上，共分为四个台层，每台五至六级石阶，长约七至八米不等。宽约六尺的青石板道从大门直通正厅，石板道边一台即为房屋一进，道两旁均为楼房，十分壮观。

转角屋主屋一般是四排三间，每排“三柱四”格局，也有“五柱四”或“五柱八”格局，即一排有三根或五根柱子落地，四根或八根“棋”每两根平均地间立于两柱之间，并立于横穿各柱的板梁上。板梁之上称为“天楼”，是由棋和柱围成的小阁楼，上覆两面斜面的青瓦屋顶，如稍加高并铺上木板可成为两层楼房。小阁楼常用于挂玉米棒子、干辣椒、干萝卜等需要防潮的各类食品。板梁之下是主屋，中间是堂屋，两端是卧室或火塘，为全家食宿之地。卧室与火塘可以依中柱为界，分为前后两间，分别住父母和儿子，未嫁女儿则居于“吊脚楼”上的厢房。吊脚楼走廊既是晾衣晒被之处，也是土家姑娘闲时聚会之处。姑娘们在走廊上打花刺绣，鲜艳的衣着，银铃般的笑声，时不时一曲山

吊脚楼 ▶

歌又飞出楼外，常常让路人驻足观望，赞叹不已。明代土家族诗人田圭有竹枝词一首赞曰：

家家临水做吊楼，
半是村街半是浮。
十八小娥楼内绣，
停梭坐看上滩舟。

夜晚降临，土家姑娘会依窗做针线活，跳跃的桐油灯把姑娘身影透印在窗纸上，随灯光摇曳晃动，是勾人心魄的诱惑。此时会有年轻小伙子在楼下学鸟鸣虫叫，吸引姑娘出来约会。如是知己者，姑娘会踮着脚尖悄悄下楼。如是不中意者，姑娘会佯装不知楼下有人，一盆洗脚水兜头浇下，让来者知难而退。

▲
吊脚楼

吊脚楼下只有几根柱子支撑，是一个四壁空空的敞屋，极少装上板壁成为房间。其空间多为安放旱碾、磨盘、石碓、风车等粮食加工工具，是粮食加工主要场地；也是一天劳动回来后，放置犁、耙、锄等劳动工具之处，以免工具上的泥土带进正屋。有的人家还在楼下拴牛、圈猪，但因牲畜异味较大，不会长久放养，只是在农忙时用牛频繁，早起晚归，归牛入栏会耽误时间，圈猪也是在出栏买卖或年终杀年猪需“催肥”时，才临时养于楼下。

吊脚楼建材全部取自本地，最好的柱料是枞树、柏树、枫树，因这类树木直立挺拔，不分杈，木质软硬适度易于加工。楠木、樟木等当然更好，但因树木珍贵，除土司修建宫殿或进贡朝廷外，一般土民根本消费不起。最好的板材是杉木，质轻防潮耐腐，用于房屋板壁、天楼板、地板最佳。家境较好人家，还用桐油将整栋房屋遍刷，既美观又有防潮防腐防蛀的功能。

吊脚楼建筑的最大特点是因山就势，随地造型。土家族居住地山多平地少，稍大的平地都作为耕地种粮了，房屋只能修在山坡上。为了防止过多开挖陡坡造成水土流失，也为了减少建屋工时，“转角屋”“吊脚楼”这种适应坡地不占平地的建筑式样就产生了。在修建房屋时，巧妙地利用山地陡坡，在屋址宽度有限的情况下，利用陡坡之地将房屋前部分架空，后部分则坐实于陡坡后坎上，形成了南方少数民族“干栏”式建筑中独具特色的吊脚楼形式，最大限度地利用了土地，保证可耕之地用于农业生产。

路入桃源好避秦：传统交通

土家族生活于万山丛中，这里群峰壁立，千沟万壑，险峻崎岖，登涉艰难。山路窄似羊肠，涉溪越岭，回复往返不绝。从一地前往某处，往往有要“过九十九条河”、要“转九十九道弯”、要“爬九十九座坡”之说，其实就是沿着一条溪河不断涉水往返两岸，沿着一面陡坡不断曲折上下回旋，俗语“行路脚不干，上山累死牛”，就是行路难的真实写照。古人有诗云：“此路艰如十八盘，身从地底忽云端。更无庐舍容栖止，但有云涛当晚餐。竹径拨开松径合，雨声鸣歇涧声寒。分明虎豹前山过，只作寻常鹿豕看。”就是真实描述。行走在这些道路上除了难还有险，上山需双手双脚并用攀抓，下山则需倒退而行，稍不留意，臀部顶上

古渡口

山石就会跌下万丈深渊。而在溪谷中往返涉水，如遇上突然而下的暴雨，俗称的“涨竹筒水”骤然而至，行人瞬间会遭灭顶之灾，行路之难，可想而知。但在这险峻的群山中，土家人经世世代代的不懈努力，在峒与峒、寨与寨、村与村之间，修出了大小不一的通道，称之为官道、乡道、村道。

官道

古官道

官道，顾名思义是官员行走的大道，这是土司统治时期，为方便下去巡视而强征民工和资金修建的，一般是由宣慰司通往安慰司、安抚司、长官司或土州、土县的道路。“改土归流”后，府、州、县在此基础上，动用公帑又进一步扩宽延长，成为了土家族地区的主要交通干道。官道基本上由青石板铺就，因山势不一而宽窄不等，但为方便轿舆、驮马的行走，一般道宽二米左右。如遇河流，不宽处修建桥梁，宽阔处则设立渡口，并设置渡船。渡船分官渡、民渡、自渡三种，官渡不收费，以渡口田收入养活渡工、更换旧船和维护码头。民渡由渡工向过渡者收取费用，大凡一束柴草、一捧包谷、一个野果、一枚铜钱均可作为渡资，任人给付，渡工并不理论。如物品超过渡资，渡工会按值免收数次过渡费。如行人无钱物可出，渡工亦不强要。自渡俗称“拉拉渡”，是在河面之上三尺左右凌空拉一绳索，渡船缆用铁环穿于绳上，环上再系一细长绳，方便两岸过渡者将船拉回，过渡人自己手拉绳索将船牵往彼岸。

官道在重要的道路相交之处或隘口，还设有驿站、饭铺、凉棚等供人休息。清人顾彩在《容美纪游》中记载了从枝江前往容美宣慰司途中住宿驿站的情形：“抵清官渡宿，有板屋二楹，在高埠，馆人预储供应。”“入关数里，名三路口，有成堡空房，可以避雨，因入做饭，雨甚，遂留宿焉。”不仅有宿房、储藏食物，还有馆人即服务人员效力。这些场所往往拥有千百年的风水树和古井，成为一风景绝佳之地。土司所在地周边的官道为显示其威严，等级最高。湖南永顺宣慰司从老司城前往新司城颗砂，路宽竟达丈余，全由青石板铺成，有些地段还用石灰、黄泥铺底，上用鹅卵石镶嵌图案花纹，美轮美奂。湖北咸丰唐崖土司的官道，被今人发掘出来后，被戏称为“长安街”。在这类官道上如遇土司，土民应远远回避，如回避不及应跪于道旁。史载：“土司出，其仪威颇盛，土民见之，皆夹道伏，即有谴责诛杀，惴惴听命，莫敢违者”。

乡道

乡道是连接大寨、墟场的道路，多由地方大户人家为积阴德、祀长寿、求多子而修建。也有由一有威望的热心人牵头，或捐赠或化缘或分摊资金而建。乡道随山就势，但求行路便利，不求行路舒适，基本上能行挑担背篓之人即可。乡道遇窄溪以木头搭便桥，宽溪以数个大石按一步之距立于河中，名曰“跳岩”，供行人过河，如遇大雨河水陡涨，便桥冲毁跳岩被淹，行人就只能望河兴叹了。乡道几乎没有官员轿舆和乘马通过，也就没有官

乌江纤道

道中的礼仪，行人随便。休息之处或聊天或下“打三棋”，还有以物易物的简单交换。袒胸露背躺于青石板上呼呼大睡之人亦不少见，充满土家民俗情趣。乡道岔路口上，往往会有指路碑，这多为有所祈求之家竖立，上面除清楚地刻有左右所去村寨之名外，还有“开弓断弦”“天皇皇，地皇皇，我家有个夜哭郎，过路君子念一遍，一觉睡到大天亮”等语，企盼给人方便之时也能消除自家的困难。乡道修建完成后，都会立一石碑，上刻工程经过及捐赠资金者姓名，以示鼓励和褒奖。

▲ 惹巴拉风雨桥

村道

村道就更为简陋，是村与村之间，土民在日常往返途中用所带柴刀斩砍荆棘、杂树，或是劳作回家时，随手用所持工具挖坎、垫石整修而成，大多崎岖不平。永顺县和平乡双凤村是一著名的土家族村寨，位于高山之巅，上下极为艰难。村民以山歌唱道：

毕兹卡住双凤坡，
上上下下拐拐多，
脚板留下蜂巢眼，
岩板踩出灯盏窝。

乡道遇上溪河，一般都是涉水而过。如遇上陡峭崖壁，也只能攀树登岩而上，有的地方可能竖有一根两边砍有缺口的原木，让人踩着缺口爬木梯似地登高通过。道路的艰难给土家人生活带来极大不便，有的村寨购买耕牛只能买牛犊，才能背上山寨。大部分的土家人从生到死没有下过山，这并非是他们自愿闭塞，而是高山野果、野兽、野菜较多，更易谋生而已。

行路俗规

道路交通虽然不易，但土家族却有一套不成文的行路俗规。在窄路上老少相遇，少让老，强让弱。在高坎处相遇，下山者让上山者。男女相遇，男让女，男站立不动，双方背向而过。下雨戴斗笠时，双方相遇均要将斗笠斜向反方，以免斗笠水流到对方身上。轻身者与负重者相遇，轻身者站立侧身相让，负重者先行。挑担者遇行人，需将担子顺直，不能碰上行人身体。如双方均挑着担子，遵循少让老、轻让重的习俗。背背篓者与挑担者相遇，背背篓者应靠内坎，让挑担者靠外坎有较多空间通过。夜行时，双方如都没有打火把，听到对方有人走来，要提前打个声响，以免让对方受到惊吓，如一方打火把，相遇后打火把者要站在原地并转身为未打火把者照一照路，等等。可以说这是最古老、最富有人情味的交通规章制度。

水路交通

陆路交通之外还有水路交通。土家族生活区域不仅多山，也多河流山溪。一方山水养一方人，“酉水清江育土家”，即是说武

酉水船工

知识链接 **船工号子** 即行船时船工相互呼应、鼓劲合力、具有固定韵律和一定语句的呼号。土家族船工号子按地域分，有酉水号子、清江号子、乌江号子等；按曲调分，有桨号子、橹号子、棹号子、篙号子、纤号子、排号子等。其内容多为河道地理、民俗风情、船工生活、情歌故事等。旋律高亢激昂，地方特色和民族风情十分浓厚。

酉水纤夫

陵山的河是土家族的母亲河。母亲河养育了土家族，也为土家人练就了水路行走的一套本领。土家人用船的历史极为久远，史载廪君与黑穴四姓争立君长，能否驾船是担任君长的主要条件：“令各乘土船，约能浮者，当以为君。余姓悉沉，唯务相独浮。因共立之，是为廪君。”

在土家族史诗《摆手歌》和《梯玛神歌》里更不乏土家族的祖先驾船在大江大河里迁徙的史实。因武陵山河流滩多水急的特点，土家族所造的船底宽中平，吃水较浅，载货不多，以五吨左右为多。还有一种既载人又运货的柳叶状小船，称为“运伐子”，十分快捷，类似今天水运快艇，是上下水间重要码头的主要交通工具。小船划船工具主要是桨，一般是船头船尾各一叶，船尾桨还充当舵的功能，如是重船，可在船头再加一叶桨。划桨时还可在桨柄上加一绳索，一人拉绳与划桨者相对坐于船舱板上，在桨入水后使劲拉，使桨划水力度加大，提高船速。大船划船工具除了桨之外，还有橹。大船桨至少有八叶，八人分两列站在船舱板

酉水列夕码头

上，因桨长船面窄，右边入水的桨由左边的人划，左边入水的桨由右边的人划，左右桨交错排列，动作整齐划一。橹仅两支，船左右各一支，每支由四人摇动。大船船尾还有舵工一人，掌舵控制航行方向，其职最为重要，须由具有多年冲滩闯浪经验、识水径辨船道的老水手担任，全船安危系于他一人身上。船头则有拦头工一人，专司竹篙及放缆收缆，他与舵工紧密配合，离港靠岸，下滩避礁，上滩指挥纤工，多由他直接操纵或指挥。因河道谷深弯多滩急，山谷风向变幻不定，帆使用得较少。

武陵山河道以落差大、河谷深、滩陡险、航道窄、礁石多著称。在这些河道里行船，凶险万分。不论是上水船还是下水船，整个航程都充满着艰险。清代诗人石韫玉乘船过酉水凤滩后，惊魂未定，写下了《凤滩》一诗：

舟行凤凰滩，津吏惊相告。
银涛震如雷，迸出两崖峭。
乱石枕飞流，怪奇罗众貌。
或危如累卵，或奔如飞炮。
或张如屏风，或颓如煅灶。
或如珠韫椟，或如剑出鞘。
或如屋建瓴，或如营树纛。
如鸱矫似飞，如虎蹲似哮。
如佛面壁枯，如鬼攫人爪。
力争宇宙奇，故与波涛拗。
蓬舟乱中流，无所施樯棹。
十夫挽而行，人声水声闹。
忽焉发平流，举舟相慰劳。
神祠牲醴酬，榜人金布犒。
宾客互评论，童仆杂欢噪。

或言此危机，死生呼吸召。
或言此奇观，壮游观其妙。
喜者果非情，恐怖亦可笑。
我生命在天，安危任所到。

在这样的急陡险滩，下水船的危险自然不须多言，稍有不慎，触礁即船毁人亡。上水船亦危险万分，当纤夫以万钧之力与急流拼搏之际，如纤夫拉力不敌急流冲力，或纤绳一旦断裂，或一纤夫不慎跌滑失力，船会即刻倒退触礁碎裂。而纤夫也会突然失衡，从岩壁上仅容两足登力的纤道上摔下，非死即残。因此，不到万不得已，土家人不会丢下猎枪，放弃田地去当长途"走水客"，船工号子唱出了"走水客"生活的真实写照：

田无丘，地无角，五湖四海混撮撮。
埋了没死煤炭客，死了没埋走水客。
上水拉纤如喊魂，下水飙滩如回煞。
上一滩，吃一餐，一生只得半饱饭。
山也窄来水也窄，世道窄逼没办法。

洞天

第六章
宗教信仰

多神崇拜与万物有灵是土家族原始信仰的核心，以八部大王为代表的祖先崇拜，成为了土家族历史发展进程中的民族凝聚力。“守斯土，抚斯土，斯土黎民感恩戴德，同歌摆手；封八蛮，佑八蛮，八蛮疆地风调雨顺，共庆丰年。”八部大王神庙的烟火一直延续不熄，子孙祭拜时用“毕兹萨”深情地唱道：“拿洞杰了格拔也，捏洞杰了克者也，拿洞捏洞杰了哩，业皮我坡巴莫恩至谢。业路我路巴莫扎的谢。”由此而发展出了白虎崇拜、土王崇拜、梯玛崇拜。

▲

祭拜八部大王

宗教属于社会意识形态，是人类社会发展到一定的历史阶段而出现的一种文化现象，作为一种特殊社会意识形态和社会文化现象，宗教存在与发展的普遍规律是与其所处的社会形态相适应的。土家族宗教信仰大多属于世代存留下来的原生性宗教，即是指产生于原始社会并继续遗存于现代的各种原始宗教形式，如图腾崇拜、自然崇拜、祖先崇拜、多神崇拜、土王崇拜、灵物崇拜等，都程度不一地保存着，其内容也复杂而繁多。最为重要的有八部大王崇拜、白虎崇拜、土王崇拜、梯玛崇拜等。

八部大王崇拜

八部大王传说与史籍记载

八部大王崇拜主要流行于酉水流域和澧水流域，史籍中称八部大王为“八蛮”。八部大王是因传说共有八个部落或八个峒而得名，也有说是土家语称爷辈以上祖先均为“拔铺”，八部即是

"拔铺"的转音，是一人而不是八个人。但不论哪一种说法，"八部大王"崇拜为氏族祖先崇拜则是无疑的。据土家族人世代相传，远古时代，土家共有八个部落，各部落均有各自的首领，八个部落的首领分别叫：敖朝河舍、西梯佬、里都、苏都、那乌米、拢比也所耶冲、西呵佬、接耶费耶纳飞列耶。他们英雄业绩多不胜数，如征服雷公的伟绩就是他们所为，但也不幸招致人类第二次毁灭。

八部大王的传说已得到考古文物和史籍的印证。出土于今保靖县拔茅乡水扒峒村，现存于湘西土家族苗族自治州博物馆的一截石碑，记载了"八部大王"的史实：

首八峒，历汉、晋、六朝、唐、五代、宋、元、明，为楚南上游……故讳八部者，盖以咸镇八峒，一峒为一部落。

建城历史近千年的永顺老司城内，有专门祭祀八部大王的神庙，烟火一直延续不熄。明《永顺宣慰司志》载：

古设庙以祀八部大神。每年正月初一日，巫祀试白水牛，以祀一年休祥。

民国《慈利县志》卷十一《祠祀第八》也明确记载：

凤鸣寺在骆家峪，祀八部大神。

▲

祭祖

清《酉阳直隶州总志》记载了其境内酉水流域有多处八部大王庙。永顺县弄塔《王氏族谱》记其远祖名墨着冲：

夫坐镇即久，仍得习蛮人风俗，解其语言，探其巢穴，于蛮驯者抚恤之，冥顽者诛戮之，然后征八蛮，平九荒，定五溪。

今土家族祭祀土王的摆手堂所贴的对联即为：

守斯土，抚斯土，斯土黎民感恩戴德，同歌摆手；封八蛮，佑八蛮，八蛮疆地风调雨顺，共庆丰年。

即表明了八部大王或八蛮在土家族地区存在的广泛和深远的影响。

八部大王庙

时至今日，土家族对八部大王仍十分尊崇。在传说中的八部大王发祥地保靖县碗米坡镇水扒峒村，八部大王庙宏伟壮观，占地有四亩之多，周边砌以围墙，大门上嵌有一四周刻着浮雕盘龙、中间阴刻“八部大王”四字的石碑。入庙第一进为岩板铺成的调年坪，可容纳三百余人同时摆手调年。坪两侧为马房，立有石人石马。从石坪上八级台阶进入二门，门两侧立有一雌一雄蛙口石狮状神兽，奇特造型至今也不明白是何物。二门后是戏场，左右有厢房。第三进是神殿，神坛上供有两米多高的八尊神像。每年过“舍把日”时，男女老少均会来此跳摆手舞，祭祀八部大王。八部大王神像慈祥而端庄，土家人称呼为“拔铺”，意为“祖父”。这种把远祖作为近亲的称谓，大大缩短了人神之间的距离，显得亲切而情深。神像的脚边塑有一只铁链系着的大公鸡，象征被土家远祖征服的雷公。庙外有对联“勋犹垂简篇弛封八部，灵爽式斯土血食千秋”，把八部大王奉为族神千古祭奠。土家人在祭尊八部大王时，特别至真至诚，不仅要在供桌前献上獐、麂、雉、兔等猎物，还要供上不褪毛的猪肉与猪血作为牺牲。祭拜时深情地唱道：“拿洞杰了格拔也，捏洞杰了克者也，拿洞捏洞杰了哩，业皮我坡巴莫恩至谢。业路我路巴莫扎的谢。”意即：“列祖列宗啊，我们请了一遍又一遍，请你们看着挂

土家族祭拜祖先

知识链接 土家族祭祀八部大王之时须用带毛带血的牺牲，表明土家族先民曾经过了“茹毛饮血”的原始时代。八部大王庙在酉水流域和澧水流域存在十分广泛，仅酉水上游就有十多处，且历史传承也十分久远。如来凤县河东乡新安村庙内一刻于清嘉靖五年的石碑上记曰：“盖闻神威赫矣，千秋顶祀之瞻，庙貌巍峨百世，此皆生而为英，死而为灵也，弘仰献之重，唯我爵主。”八部大王是土家族远古传说时代的首领。

有金斗银斗的地方走来；看着洒满金钱银钱的路上踩过来吧。”请祖先们享受后人的祭祀牺牲。

敬祈后，要在八部大王庙前举行大摆手活动。摆手的大坪中央要竖一根顶端扎一只白色凤凰、悬挂白龙旗的旗杆。每支摆手队伍必须持青、红、蓝、黄、白五色长丈余的龙凤大旗入场，按“排甲祭祖”“闯驾进堂”“纪念八部”“送驾扫堂”等摆手议程，由掌堂师领唱，众摆手队伍随同，有问有答，委婉深沉，再伴有牛角、土号、溜子锣鼓等古老的土家民族乐器，形成了一种肃穆而雄浑的艺术氛围。

土家族祭拜祖先

据土家族民间史诗《摆手歌》所述，八部大王最初没有固定的生活地点，迁徙于酉水流域，留下不少历史遗迹。龙山里耶因传说是八部大王早期从事农业生产的地方而得名，里耶即土家语“辟地”之意，岩冲是土家语“阿撮”的转音，即“崖屋”之意，表明八部大王在迁徙中曾在此以岩洞为其居住之处。此外，以土家语为地名，在酉水流域几乎比比皆是，如麦茶、十必、灰山枯、迫铁枯、米西唔、比挑等，这些地名均能用土家语译出其本意。从地名分布大致可推八部大王应是酉水流域、澧水流域土家族的远古首领。

白虎崇拜

白虎崇拜亦属祖先崇拜，源于廪君蛮的传说。廪君蛮为古代巴人的一支，在秦汉时编辑整理成书的《世本》中，较详细地记载了廪君出生、争神、灭盐水女神、君于夷城等史迹，最后，强调了“廪君死，魂魄世为白虎，巴氏以虎饮人血，遂以人祠焉”。因此，土家族有了白虎崇拜的宗教信仰。但白虎崇拜是土家族内最具矛盾的信仰，清江流域与酉水流域对白虎的态度截然有别。清江流域是“敬”，俗语谓之曰：“白虎当堂坐，无灾亦无祸。”酉水流域是“忌”，俗语谓之曰：“白虎当堂坐，无灾必有祸。”两字之差，敬与忌的态度一目了然。

知识链接 **白帝天王** 白虎还演化成“白帝天王”，认为白帝天王即是廪君死后化成的白虎神，因而立庙供敬，称为白帝天王庙或向王庙。《长阳县志·寺观志》载：“向王庙在今高尖子下，庙供廪君神像。按：廪君世为巴人主者，有功于民，故今施南、归、巴、长阳等地，立庙而祝之。”据统计，新中国成立前仅湖北长阳一县就建有向王庙、天王庙有40多处，庙内均供向王神像或白帝天王。向王之“向”，出于巴务相之“相”，故“向王庙”即“相王庙”，也即“廪君庙”。廪君死后魂魄化为白虎，向王庙也就是白虎庙。

清江流域敬白虎

清江流域敬白虎，自称是“白虎之后”，以白虎为祖神、家神。每家的神龛上常年都供奉一只木雕的白虎或者画上一只白虎，用来坐镇辟邪，同时也寓意吉祥如意，保佑人们安居乐业，时时不忘敬奉。在鄂西土家族“跳丧”中表演的“虎抱头”“猛虎下山”，显示出对白虎的崇敬。“跳丧”之时，两人对舞，鼓点突变，一人如猛虎腾空跃起，掀起舞伴。舞伴应战，两人躬自相对，瞠目逼视，同时不断击掌，前纵后跳，忽掀忽扑，模仿猛虎搏斗之状。搏斗之时还发出雄壮的虎啸吼声，整个场面壮观粗犷，气势雄劲，显示出虎虎生威的气概。《夔府图经》赞曰：“初丧，鼙鼓以道哀，其歌必号，其众必跳，此盘瓠白虎之勇也。”

酉水流域忌白虎

梯玛

酉水流域忌白虎神，认为白虎是恶神，对人有害，会给人们带来灾难，必须坚决清除掉。很多土家语地名，都含有对虎忌恨的因素，如“利布苦”意为“杀老虎的山”，“利哈苦”意为“打老虎的山”，“利射胡”意为“死老虎的地方”，等等。民歌唱道：“白虎当堂坐，无事惹场祸。打虎将军赶白虎，让我子孙无落坷（无麻烦）。”小孩在婴儿时期，为保佑他健康成长，父母就会叫梯玛（巫师）来家里“钉白虎”。梯玛用白纸剪成一只虎的形状，在对纸白虎念一番咒语后，用铁钉把纸白虎钉在堂屋的中柱上，待小孩子长到12岁后，梯玛再把钉在堂屋中柱上的纸白虎取下来，拿到野外烧掉或扔掉，这叫“烧白虎”或者叫“放白虎”，认为是把白虎烧死或放到野外去了，就不会再来侵扰小孩子了。日常生活中，小孩子发了高烧，成人中暑口吐白沫昏迷不醒，都会认为是白虎作祟，得请梯玛做法事“赶白虎”。民谣曰：

白虎星是扫把神，一有机会就整人。道士先生念神咒，赶跑山中白虎神，河左河右得安宁。

人们把白虎星当作扫把星，是灾害的载体和象征，有机会就会害人，只有道士、僧人才能以法术、恶咒、神力驱除它。

知识链接 凡是梯玛做法事，最后一堂都得“赶白虎”，如果不赶白虎，或者没有把白虎赶出家门，那么这堂法事就等于没有做，只有把白虎赶了出去，这堂法事才算做得圆满成功。赶白虎时，先在大门拴一只大公鸡，以白颜色为最好，梯玛手执法器和五谷在堂屋作法，众帮忙者亦手拿五谷，分别站在各门前，仅留大门不站人，意为白虎留一出逃之路。梯玛作法念咒：“天白虎大退，地白虎大退，高粱白虎大退，细伢白虎大退，细女白虎大退。要退就退，若凡不退，弟子奉请五百蛮雷打退。吾奉太上老君，急急如律令！”咒毕，梯玛口含净水，分别喷向屋内不同方向，并撒出手中五谷，众人也随之撒出五谷，整个过程以门外大公鸡叫了为止，表示白虎已被赶出去了。

清江、酉水流域相同的民族，不同的信仰崇拜，实际上反映了土家族历史上民族征服与融合的过程。按《世本》所载，廪君在西迁的过程中，灭盐水女神，显然是一次征服。而巴灭亡之后，据唐梁载言《十道志》载：

楚子灭巴，巴子兄弟五人流入黔中，汉有天下，名曰：酉、辰、巫、武、沅五溪，各为一溪之长，号五溪蛮。

这巴子兄弟五人进入五溪，各为一溪之长，显然又是一次征服过程。有征服必有反抗，土家族对白虎的“敬”与“赶”，就是以宗教信仰的形式反映出这种反抗。

土王崇拜

土家族土王崇拜并非原始宗教信仰，而是五代时期，彭士愁确立了对土家族地区的绝对统治之后，利用土家族崇拜祖先的习俗，创造出对土王即彭士愁本人及亲信的崇拜。土司制度实施后，湘、鄂、渝、黔土家族各大土司竞相效法，不同的土司赋予了土王不同的出身，土王崇拜实际上成为土司王崇拜。

乾隆《永顺县志》记载：“土王祠，阖县皆有，以祭历代土司，俗称土王庙。每岁正旦后元宵前，土司后裔或土民鸣锣击鼓，舞蹈长歌，名曰摆手。”即指出了土王崇拜的真正内容是“祭历代土司”，正因为各地土司不同，土王亦不相同。湘西供奉

土王祠神像

▲ 土王崇拜

的是彭公爵主、向老官人、田好汉；鄂西敬祀的是覃、田、向三姓土王；渝东南与黔东北则祭祀冉、杨、田三位土王。而彭、向、田、覃、冉、杨都是土家族土司最高级别宣慰使司的执掌者，世袭多者三十余代，计八百余年。如彭氏土司执掌永顺、保靖两宣慰司，号称“八百年土司王朝”。这说明土家族的“土王崇拜”实际上是以地缘为基础，结合了政治领袖或领主统治的因素而形成的一种祖先崇拜，其地域特征十分明显。

土王崇拜的人物各地虽然不尽相同，但土王庙里的塑像却是一致，都是红、黑、白三种脸谱的神像。白脸居中，红脸居左，黑脸居右，称为大、二、三神。土王除彭公爵主、向老官人、田好汉有明确所指外，其余覃、冉、杨姓没有具体人名，并没有指

知识链接 向老官人应与向王天子崇拜相关，他的名字叫向宗彦，传说是保靖县水扒峒人，溪州铜柱上有他的名字，应生活在五代时期。向老官人是一个悲剧性英雄，传说他能呼风唤雨、撒豆成兵，因不愿为皇帝服务，被皇帝赐御酒毒死。向老官人死后，他的白马驮着尸体快速往家赶，逢山过山，逢水渡水，终于葬在家乡猛虎山。

土王神像

为何人。彭公爵主即溪州铜柱上所记的“溪州彭士愁”，他的最伟大业绩是与楚文昭王马希范盟誓签约，铭于溪州铜柱之上，确定了土家族疆域，创下了彭氏土司八百年基业。田好汉的原型据说是小土司田二根，其业绩是率领土民反抗“改土归流”，失败后被押送京城凌迟处死。土家族中的彭、田、向三大姓认为土王庙就是家庙，对其他姓氏而言，则为族庙。但其他姓也应在自己堂屋神龛处设牌位祭土王，自己的祖宗却只能供于屋角门后。土司树立自己权威的手段可略见一斑。

每逢过年过节，土家族都要在土王庙祭祀土王。以正月初一至十五举行的“摆手”祭最为隆重。祭祀八部大王的称大摆手，祭祀土王的称为小摆手。清《龙山县志》记录了祭祀土王的活动：

土民赛故土司神。旧有堂曰摆手堂，供土司某神位，陈牲醴。至期，既夕，群男女并入，酬毕，披五花被锦，帕首，击彭鸣钲，跳舞歌唱，竟数夕乃止。其期或正月，或三月，或五月不等。歌时男女相携，蹁跹进退，故谓之摆手。

土家族竹枝词多有描写其盛况，如彭勇行的：

福石绣屏屏绣多，浪击石鼓声声和，土王宫里人如海，并庆新年摆手歌。

彭勇功的：

彭公祠畔赛神谣，火树银花照眼姣；侬识踏歌郎识曲，今宵相约闹元宵。

彭司铎的：

福石城中锦作窝，土王宫畔水生波，红灯万点人千叠，一片缠绵摆手歌。

唐仁汇的：

千年铜柱壮边陲，旧姓流传十八司，相约新年同摆手，春风先到土王祠。

有趣的是，与土家族相杂居的汉族和苗族，也同样祭祀三王，神像亦为白、红、黑三尊。但汉族认为这三尊神是道教信仰中推崇的刘备、关羽、张飞结义三兄弟；土家族认为是本民族原始宗教信仰中的彭公爵主、田好汉、向老官人；苗族认为黑脸是蚩尤、黄脸是黄帝、红脸是祝融。但不管哪个民族的哪种神祇，无论平时的祭祀，或是逢二月二、三月三、六月六、七月七、腊月二十三等日子的大祭，庙是同一个，神像也是同样的三座。众香客均是遍敬香火，根本分不清楚敬香者信奉的是何种宗教，敬祀的是哪个菩萨。虽然在汉族、土家族、苗族心中，不论是从民族角度还是从其原始宗教信仰的角度来观察，这三座神像的象征并不是相同的。然而在祭拜时，具有不同信仰认识的信众却并没有区分你我，不同民族的上香者可跪在同一个蒲团上一同磕头，一同烧香祈求平安。而负责打卦解说的"道士""老师""神婆"，则巧妙地以"大王爷""二王爷""三王爷"来称呼三座神像，将三个民族的神祇糅合成一个宗教偶像，化解了可能因不同的称呼而带来的不和，因而在寺庙内呈现的是各种不同的民族、不同的宗教信仰和谐相处的祥和景象。三王庙是一个将不同宗教糅合成一体信仰的典型庙宇。

梯玛崇拜

"梯玛"是土家语音译，既指土家族的一种原始宗教仪式，又指主持宗教仪式的巫师。这里论述的是后者。"梯玛"是土家族最为神秘的职业。"梯"具有"敬神"的意思，"玛"是"卡"的转音，其意为"人"，即"敬神的人"。现在则俗称为"土老司”或者“土老师”。梯玛是天、地、人三者之间的沟通者，是“天人合一”“人神合一”的统一体。在梯玛法事中，他时而代表人向神陈述人的祈求，时而又是神的化身，向人转达神的旨意。他可以与南斗六星、北斗七星称兄道弟，他可以与土地神像老朋友一样拉家常。土家族地区的祭祀、占卜、丧葬、嫁娶、祈雨、驱邪、治病、求子、纠纷等都由梯玛负责。德高望重的梯玛实际上是土家族的神权和宗教领袖，同时也是熟悉本民族历史的民族文化传承人。梯玛主持的法事道场，集中表现了本民族的原始宗教、佛教和道教的内容。

梯玛法事道场

梯玛法事道场俗称为“祭祖还愿”，活动中所祭祀的神灵为八部大王。法事主祭开始，堂上挂着梯玛神图，梯玛身穿红色法衣，腰系八幅罗裙，头戴金色凤冠。依场次进展或执八宝铜铃、或执司刀、或执系有五彩飘带的桃棍。且歌且舞，亦呼亦应，或痴或癫，时静时狂。口中念念有词，配以铜铃声、鸣炮声、号角声，不时引导人们祭祀、献牲、烧纸、叩拜。显现出人神同堂神秘而欢乐的气氛。

由于土家族只有语言而无文字，因此，梯玛做法事时的唱词都是一代代口耳相承而传，并无书面记载的传承，但梯玛神图是以物相传。梯玛神图是梯玛做还愿法事时悬挂在神堂的主要道具之一，图有绘画和剪纸两种。绘画神图均为世传，所绘神灵较为复杂，既有原始宗教信仰中风、火、雷、电、天、地等自然神；也有道教神如三清仙师等；还有土司神如彭公爵主、田好汉、向大官人等。剪纸神图较绘画神图简单，用刀剪铰成或用手撕成，仅有一个神像，如“阿嬷婆婆”等。每次做法事后绘画神图由梯玛收回，剪纸神图即贴于作法之地，不用收回。梯玛做法事时，将巫、道、佛诸教糅合在一起难分彼此。主持法事的梯玛现多称为“道士”，或尊称为“先生”。但“道士”却非传统意义上的道教徒，他们主持做斋、打醮、念经、丧葬仪式、超度亡灵、做水陆道场等活动，与佛教法事极为相似。而看风水、正龙脉、寻坟址等，又与风水先生雷同。唱跳、打卦、烧化符咒、驱除邪魔、求神庇佑等则与道教相关。但梯玛除精通本民族巫术外，对道、

▲ 梯玛做法事

佛两教似懂非懂，“道士”们自己都自嘲为：“客老师，一本经；苗老师，半本经；土老师，乱逛经。”虽然如此，土家族梯玛能将三者合而为一，没有真正意义上的巫、道、佛等宗教的区别，让这些宗教较好地融汇在了一起，因而使得民间宗教信仰呈现出多元融合的特性，表现出了多元宗教信仰和平相处的思想。

梯玛在法事道场中以歌舞贯穿始终，其舞蹈语汇极为丰富，主要动作有踩十字、踩马步、踩八卦、坐马、奔马、旋转及舞司刀、舞铜铃等，均以写意性动作为主。铜铃既是舞具又是乐器，它与牛角、司刀配合使用，形成独特的舞蹈节奏和音响。梯玛边舞边唱，动作飘逸而雄健，把歌与舞融为一体，形成有表有叙、亦歌亦舞的长篇舞蹈诗。梯玛所吟颂的诗称为“梯玛神歌”，词句长短不一，既有长篇叙事，也有数言短章，韵白夹杂，可唱可吟。既有天上诸神活动，也有地上人类生活。既有对自然崇拜、关爱与珍惜的内容，也有歌颂土家族在恶劣的自然环境中不屈不挠、英勇奋斗的内容。洋洋洒洒、包罗万象，是一部珍贵的民族史诗。

《梯玛神歌》

由于《梯玛神歌》为口传文学，因此，各地流传亦有一定的差异。1988年10月岳麓书社出版了彭荣德、王承尧整理译释

土家梯玛

的《梯玛歌》，共有50章148节。50章是报家先、安正堂、腊月堂、三月堂、挂神像、开天辟地、请师父、访堂大庙、报梯玛、请先师、请四都衙门、请天子爷爷、请九都衙门、办传货、奉主家、赏众、起兵、备马、起马、遇家先、交和事钱、敬九月堂、踩十二板桥、捉魂、过乾搭地界九大坡、七月堂、摘花地界、过堂、过店、过十二重门、摆和事钱、和事堂回程、渡阴河、二过九月堂、宵夜请神、讨保佑、讨兵、退正月堂、讨打发、仿两口子议事、告兵、捉马、拜男拜女、奠酒、求子问卦、七板桥、搭十二板桥、苦连亭、交天钱、杰洛番案等。共有十多万字。

《梯玛神歌》以大量的篇幅，叙述了盘古开天、卵羽射日、远古洪荒、兄妹成亲、人种再续等神话传说，揭开了人类创世纪的历史。在“开天辟地”这段神歌中，叙述了人类处在一个混沌初开的年代，“天和地隔得太近了”，日月不明，昼夜不分，于是铁汉大哥、铜汉二哥上树戳天。后来天上又冒出九个日头，卵羽又站在马桑树上，用箭射下七个日头，只留下两个，即太阳和月亮。在那场毁灭性的大洪荒后，人们面对“天变成地了，地变成天了”的天翻地覆大裂变，毫无惊惧之色，发出了“天垮了用杈子叉起来，地塌了用钩子勾起来”的豪言壮语，给人一种热血充沛的振奋感。

《梯玛神歌》被誉为土家族的百科全书，从土家族的民族起

知识链接 **“梯玛神歌”** 在形式上是韵文和散文的综合体，修辞上有比有兴，词汇丰富，想象奇特，形象生动，具有很强的文学性。演唱时采取浪漫主义和现实主义相结合的方式，“服司妥”以还愿祈福、求子求财为目的，其歌委婉缠绵，其态虔诚可掬，但在“求男求女”时，又显得轻松活泼，妙语连珠，诙谐风趣，令人捧腹大笑。“杰洛方”则威仪凛然，气氛肃穆，如秋风瑟瑟，令人不寒而栗。“宋姆妥”是用于治丧的一种吊唁性法事，充满了“子欲养，而亲不待”的骨肉亲情，那种声泪俱下的吊唁，那种生离死别的相送，至真至诚，至美至善，听之使人潸然泪下。

源、民族迁徙、民族祭祀到生儿育女、生产生活，几乎无所不包，无所不涉。还传述了天象、物候、农时、农事、烹饪、生育等知识，对人们的生产与生活起到了很好的指导作用。梯玛法事中多次反复出现捞魂、赎魂、造魂等情节，而且还臆造出大秤称人山、大斗量人山等衡量善恶、惩恶扬善的鬼域，制造一种“善有善报、恶有恶报”的戏剧性氛围，以此向恶者提出警示，在娱人娱神的法事过程中起到了抑恶扬善、劝人为善的作用。

《梯玛神歌》是用土家语吟唱的，大部分内容还是用古老的土家语演唱，类似古汉语，因而保留了许多濒临失传的土家语词汇，如早期粮食作物有利布（稻谷）、气布里（黄豆）、乌所（小米）、翁巴（高粱）等。蔬菜品种有拉白（萝卜）、细捧（青菜）、石拖（大蒜）、可苏（生姜）、帕若古（辣椒）、爹嘿（豆腐）等，它是一部丰富的土家语辞典。

2006年，“土家族梯玛歌”被确定为湖南省第一批非物质文化遗产名录项目。2008年，被确定为第二批国家级非物质文化遗产名录项目。

第七章
古老的民族艺术

土家族古老的民族艺术异彩纷呈：内容神秘、服饰神秘、动作神秘，语言神秘的毛古斯，令人欢笑开颜；出生要歌的摆手舞，死亡亦歌的撒尔嗬，白丧事当红喜事办，展现了土家族豁达的生死观。

毛古斯：原始戏剧的活化石

毛古斯被称为中国最原始的戏剧，誉为“原始戏剧的活化石”。它的内容神秘、服饰神秘、动作神秘、语言神秘，其名称亦一如神秘，迄今让人疑惑难解。虽然在第一批国家级非物质文化遗产的名录中，“毛古斯”已成为该舞蹈规范的名称，但民间对其称呼却仍五花八门。既有汉语的毛古斯、茅谷斯、毛故事、茅故事；也有土家语的谷斯拔帕、帕帕格次、拔铺嘎、拔步卡；更有土、汉语合称的故事拔铺、毛古斯食姐等。服饰的野蛮、对话的原始、名称的多样，无一不使毛古斯倍添神秘。

演出服饰

毛古斯的服饰主要是茅草、棕片、棕树叶、树叶、树藤等，先是把茅草或树叶等用树藤编织成数块，分别披于肩上用来遮盖上身，束于腰间遮蔽下身，再用茅草等编成一个头套，头套上最醒目的是3~5条、长约两尺、形似犄角的草辫，最后还要将棕片等绑扎在四肢上，形似武士盔甲。还有一根一端染上红色或用红

毛古斯舞
——捕鱼

布包裹的“粗鲁棍”，象征着男性生殖器。表演使用的道具有扫帚、犁耙、粑粑槌、箩筐、木棒、兽皮、钓鱼竿等。此外，还需数人身披兽皮扮为猎狗、熊、虎、野猪等大型野兽。

▲

毛古斯舞
——取火种

表演内容

毛古斯舞表演一般与跳摆手舞穿插进行，从正月初三开始，逢单日演毛古斯。有时也在一定场合单独表演。一般连续表演3~6夜，每一夜表演一个完整的场次。

第一场表演内容是《找地方》，用土家语叫“搓你”，即“找屋场”的意思；或者叫“翁习你”，即“找住处”之意。表演的是土家族祖先寻找定居点的经历。在这一场表演中有一段极为原始的定型对话：

热必得（小毛古斯之一）：帕铺卡，尼客乃恩结？（爷爷，你从哪里来？）

帕铺卡：（老毛古斯）阿槽到阿查吉乃恩吉。（我从岩顶下来的。）

热必得：帕铺卡，尼派拉起客到挖那？（爷爷，你昨夜到哪里睡的？）

帕铺卡：阿库若卡蒙古挖那。（我在棕树下睡的。）

热必得：帕铺卡，尼且嘎那？（爷爷，你吃什么？）

帕铺：阿苦弱布立嘎那。（我吃棕树籽籽。）

从毛古斯穿的茅草和对话来看，可知土家族先民经过了没衣服穿茅草，没房屋住岩洞、宿树下，没农业生产吃野果、树籽的原始采集生活阶段，是从一个原始社会时期发展下来的原始民族。当然，各地的对话内容也有一些不同，如答从哪里来的问话时，不一定答“我从岩顶下来的”，也可答“从山上下来的”，或是答出相关的地名。有的问了吃的，还问喝的等。其后的表演有“请神”“扫地”“敬神”等，然后有争当父亲、模仿狗叫、走路打呼噜等滑稽搞笑的动作，惹得观众哄堂大笑。

毛古斯舞——穴居

第二场表演内容是《做阳春》，土家语叫“借日”。在挖土锣鼓的伴奏下，众毛古斯在帕铺卡的带领下，将刀耕火种的“砍火畲”“清场地”“烧火畲”“挖生土”等劳动步骤一一表现出来。其间穿插着一些搞笑的动作和语言。

第三场表演内容是《抢亲》。此时众毛古斯绕场一周坐在场边休息，母亲和女儿上场。女儿做了一些害羞、撒娇的动作后，唱起了情歌。一个毛古斯听见了，便与之对唱。俩人对唱引起了其他毛古斯的嫉妒，在“俺尼打哈罗嘎涅阿佚（我们一起抢婆娘去呀）”的欢叫声中，表演众男抢一女的热烈场面，并穿插一些搞笑言语。最后在帕铺卡主持公道下，对歌二人终成眷属。

第四场表演内容是《狩猎》，土家语叫“食姐”。此时帕铺卡、众毛古斯及扮演猎狗、野兽的人相继上场，先表演众人带着猎狗追踪野兽、围歼野兽、剥皮分肉、欢庆收获的情景，然后表演小毛古斯卖兽皮被“孤鲁子”（小偷、痞子）骗走兽皮而遭帕铺卡训斥的情景。表现了土家族精通狩猎、不懂买卖的状况。

第五场表演内容是《捉鱼》，土家族捕鱼工具钓竿、撮箕、渔篓、草绳等在该场中得以展现。众毛古斯以粗鲁诙谐的语言、夸张滑稽的动作表演捕鱼，在顺利捕获后大家欢天喜地下场。

第六场表演内容是《读书》，表演教书先生的斯文、迂腐及小毛古斯的顽皮。全场是教书先生认真教书，而小毛古斯则恶作剧地以谐音字念出，从而引发众人的哄堂大笑。

教书先生：人之初。

小毛古斯：狗咬猪。

教书先生：性本善。

小毛古斯：炒剩饭。

教书先生：赵钱孙李。

小毛古斯：狗吃生里

教书先生：周吴郑王。

小毛古斯：狗爬神龛。

毛古斯动作特点突出，别具一格。表演者均弯腿屈膝，碎步进退，左右跳跃，摇头摆肩，浑身抖动，形似猴子动作，以动作带动全身茅草唰唰作响，让头上大辫子左右不停晃动。对话时则变腔变调，含混不清。但表演动作能清楚地分辨出表演的内容。

毛古斯
——歌舞

毛古斯表演是土家族人民喜闻乐见的一种娱乐形式，清代土家族诗人彭勇功的《竹枝词》就描写了土家人观看和参加毛古斯表演的盛况：

官厅堡上人如潮，雪花又伴歌声飘。村姑摆手口吹管，后生“食姐”身捆草。

即使在雪花纷飞的寒冬，如潮的人们仍涌向官厅堡，观看“村姑摆手口吹管，后生‘食姐’身捆草”的表演。

毛古斯表演的地域差异

因生活地域的不同，毛古斯的表演有着细微区别。如湖南龙山县惹巴拉的毛古斯表现侧重于狩猎，开场即是老拔铺（老爷爷）对猎场的观察和召唤同伴，其后追踪兽迹、预设网篆、齐力擒兽、欢庆收获等狩猎情节贯穿全场。

湖南保靖县首八峒的毛古斯表演侧重于“示雄”，开场即是一群双手握着长达两尺，用竹筒装扮成男性生殖器的青壮年男子，夸张地收挺臀部，肆意张扬男根，彰显男人的阳刚之气。整场动作多为挺雄、示雄的自我展现。据说演出结束时还要特意让围观的女性上去接触男根，认为接触过男根的女性会福星高照，人丁兴旺。首八峒的摆手舞动作粗拙，多为砍火畲、种地、收割等农事活动表演。

湖南永顺双凤栖的毛古斯表演侧重于历史的传授和日常生活表演。开场即是老拔铺与小毛古斯的对话，一问一答地讲述他们来自哪里及宿岩洞、吃树籽、喝蜂蜜、挖土开荒的经历。然后表演扫堂、种阳春、抢婆娘、卖兽皮被骗等。双凤栖的摆手舞动作细腻，多有抖虱子、脚跛行、牛打架等琐碎生活小事表演。

各地毛古斯虽有不同的表演内容，但本质的东西，如毛古斯必须在摆手堂或土王祠前举行，毛古斯的服饰、对白、行走步态等都不会改变。内涵表述的不同，与地域环境及经济发展的影响有着必然的联系。龙山地处酉水上游，山深林密，其生活方式主要是狩猎，因而在毛古斯中借娱乐的形式把狩猎技艺展示出来，传授下去。保靖首八峒处于酉水中游，交通便利，是生活于父系氏族时期的土家族先祖八部大王的发祥地，毛古斯表演时显示自己的繁殖能力，宣示自己的父亲地位，应是父系氏族社会的遗风之一。因而

"示雄"就成为其世代传习的主要内容了。双凤栖地处海拔近700米的山顶，山势陡峭，交通极为不便，卖一块兽皮还要被"孤鲁子"（骗子、小偷）骗走，显然极少与外界交往，只能以种阳春、抢婆娘、抖虱子、脚跛行、牛打架等琐碎生活小事自娱自乐了。

毛古斯表演内容全是来自于社会生活，它以诙谐的人物对话，简单的故事情节，一定的表演程式，反映了土家族先民渔、猎、农耕等生产内容和社会习俗，给后人留下了祖先们当年征服自然、改造自然、顽强生存的生活画面。其表演内容中所反映的自然崇拜、图腾崇拜、祖先崇拜等远古信仰符号，对研究土家族原始的社会形态、生产技艺和生活方式有着十分重要的价值。毛古斯表演形态的写意性、虚拟性、模仿性等艺术元素，更为后人研究土家族远古审美观及价值取向提供了鲜活的可直观的素材。正因如此，毛古斯才能荣获"中国舞蹈的最远源头""中国戏剧的活化石"称誉。2006年由湘西土家族苗族自治州申报的"湘西土家族毛古斯舞"已被列入第一批国家级非物质文化遗产名录。

摆手舞：大型民俗活动

地球与时间

摆手舞是土家族特有的民族民间舞蹈，无论是形式还是内容都十分古朴，所反映的内容涉及土家人生活的方方面面，宏大而又精细。酉水流域的湖南龙山、永顺、保靖、古丈；湖北来凤、鹤峰、宣恩；重庆酉阳、秀山、黔江；贵州铜仁等县市境内的土家族都有跳摆手舞的习俗，凡土家

里耶摆手堂

山寨，皆有摆手堂。其中重庆酉阳长潭；湖北来凤县舍米湖；湖南龙山县马蹄寨、农车、惹巴拉，保靖县利湖、首八峒，永顺县老司城、双凤村，古丈县田家洞等村寨，都是土家族著名的摆手堂所在地。摆手堂是土家族历史上自然形成的，进行大型祭祖活动的固定地点，因地域的不同，堂内或供八部大王，或供彭公爵主、向老官人、田好汉等祖先神。每年祭祀祖先的活动都固定在摆手堂举行。祭祖时间一般为正月初三至十七日，但也有在二月或三月，甚至五月、六月间举行的，凡不在正月间祭祀先祖的摆手堂一般要加以举行的月份以示区别，如“二月堂”“三月堂”“五月堂”“六月堂”等。这种区分仅是表明祭祀的时间，并非有等级区分。祭祖仪式完毕之后，众人齐跳摆手舞。

史载：

土民祭故土司神，旧有堂，曰摆手堂，供土司某神位，陈牲醴，至期既夕，群男女并入。酬毕，披五花被，锦帕裹首，击鼓鸣钲，跳舞唱歌，竟数夕乃止。其期或正月或三月或五月不等。歌时男女相携，蹁跹进退，古谓之“摆手”。

清代土家族诗人彭司绎曾作《竹枝词》赞曰：

福石城中锦作窝，土王宫畔水生波。红灯万点人千叠，一片缠绵摆手歌。

描绘的就是永顺老司城跳摆手舞的盛况。

▲

摆手舞

主要内容

摆手舞是土家族集祭祀、戏剧、歌舞、社交于一体的综合性大型民俗活动。活动的主要内容是祭祀祖先、表演毛古斯、跳摆手舞。祭祖先由梯玛主持，庄严而神秘；毛古斯由男性出演，狂野而雄伟；摆手舞中既有歌、又有舞，还有打击乐的伴奏，三者浑然一体，互为补充，自然流畅。舞蹈一旦开始，不分男女老幼，皆可进场，伴随锣鼓节奏，即兴高呼“吔嗬”，绕圈而行，蹁跹进退，把节日的气氛推向高潮。摆手舞有大摆手与小摆手之分。

大摆手　大摆手是为祭祀“八部大王”而举行的，一般是三年举行两次，摆手堂周边数村、数乡均参加。农车、马蹄寨、利湖、田家洞等地摆手堂就以跳大摆手而著称。大摆手从正月初九至正月十一日，连续要跳三天三夜，场面极为壮观。摆手活动开始之时，由各村寨男女组成的数支队伍，身披西兰卡普，分为龙凤旗队、彩旗队、摆手队、溜子队、牛角唢呐队、披甲队、火炮队等，浩浩荡荡进入摆手堂。在梯玛带领众人祭祀“八部大神”后，众人即围在摆手堂前的坪坝上，唱起摆手歌，跳起摆手舞，按不同的祭祀活动和歌舞场次，连续三天三夜，歌舞蹁跹，热闹非凡。

从大摆手活动内容来看，土家族历史几乎完整地演绎出来了。如“纪念八部大王”有祭祀、弃子、团圆、赞妹、请兄、出

土家摆手舞 ▶

征、冷待、比武、报复、行赏等；“兄妹成亲”有捉放雷公、齐天大水、兄妹成亲、人种延续、卵羽射日等；“迁徙定居”有起征、涉水、爬山、定居、分居、安家、斗兽等；“农事生产”有备耕、挖土、种包谷、栽秧、薅草、打谷子、捡桐子、织西兰卡普、庆丰收等；“将帅拔普”有备战、初战、射皇帝、埋伏、牛阵等。既有神话传说，也有世俗故事，实际上是在祭祖活动中向后人讲述本民族的历史和传授生产技艺，使土家族赖以生存的精神文明和物质文明得以世代相传。

小摆手　小摆手以祭祀彭公爵主、向老官人、田好汉为主，活动的规模相对小一些，仅局限一个乡甚至一个村内，一般是在正月初一至十五期间举行。其内容主要是表现土家族先民从事农耕、渔猎等生产生活情景，以及模仿飞禽走兽的动作。如果说大摆手侧重于祭祀先祖叙述历史的庄重，那么小摆手则侧重于祭祀先祖时传授生活技艺的娱乐。

小摆手的动作复杂多样，如表现原始狩猎活动，从“出发”开始，按照望山、理脚迹、布网、赶兽、猎兽、扛兽、喜庆的进程，把整个狩猎环节均表演了出来。表现农耕生产活动的有烧山、挖土、播种、插秧、薅草、捡豆子、打谷子、摘玉米等；表现手工业生产活动的有绩麻、纺棉纱、织布、打铁等；表现日常生活劳作的有舂碓、打糍粑、背水、砍柴、抬岩等；表现休闲的有打蚊子、晒太阳、抖跳蚤、冰口（即冻疮）痛等；表现动物动作的有水牛打架、老虎拖羊、磨鹰展翅、蛤蟆跳跃、猴子爬岩、喜鹊做窝等。大千世界目之所及之物，几乎都可在小摆手的舞蹈中表现出来，展现了土家族山地耕猎文化的生动场面。

尤为重要的是，小摆手的动作均应用土家语来表述，如狩猎（赶仗）叫“食姐”、砍火畲叫“叶咱”、挖土叫“里嘎”、撒谷种叫“立布乙”、摘小米叫“乌梭贴”、绩麻叫“泽苦择”、织布叫“莫时塔”、砍柴叫“卡他”、打蚊子叫“撇嘎哈”、抖跳蚤叫“里力格斯”、水牛打架叫“旺巴打儿”、磨鹰展翅叫“半杰打杂”、蛤蟆跳跃叫“嘎其八汝汝”等。在娱乐之中使土家语得以传承。

不论大摆手或小摆手，其舞步的基本动作都是相同的，有“单摆”“双摆”“回旋摆”等。但无论是何种舞蹈动作，都要遵循手脚同边的“同边手”动作，这看似别扭的舞步，却是脱胎于土家先民穿越密林荆棘时，侧身右手撩开树丛右脚相应跟进的动作，是对真实生活的艺术夸张，应用于舞蹈之中则是在强烈的生态压力面前所表现出的乐观主义和浪漫主义精神的体现；舞蹈由一鼓一锣伴奏，节奏一般为2/4节拍，“一慢、二快、三急”。下肢遵循“顺拐（即摆同边手出同边脚）、屈膝、颤动、下沉（即重拍落地）”的规律，配合不断变化的上肢动作，反复进行。动作刚劲有力，给人以雄健、自由、豪迈的朴素美感。如再辅之以牛角、土号等，气氛十分热烈。

摆手堂

摆手堂地点一经确定之后，轻易不会变动，且后世不断加修维护，祭祖的神堂和摆手的坪场俱备，著名的摆手堂历史常常有数百年之久。如来凤县百福司镇的舍米湖摆手堂，它始建于清顺治八年（1651），是土家族现存最古老的舞手堂。摆手堂位于舍米湖村南的山坡上，占地500余平方米，呈长方形，周围用山石砌筑院墙，牌坊状大门位于院墙前方正中，大门两立柱和横楣皆为长柱形条石，在立柱与横楣接榫处，左右各镶半月形石牙一块。进入大门之后，位于院落中线上的一条石铺甬道与神堂相连，夹道两旁植有高大古柏，既增添幽静肃穆气氛，又便于跳摆手舞悬挂红灯。神堂共为三间，墙壁亦是石块砌就，无雕梁画栋和斗檐飞拱，上覆人字披的黑瓦，全然不同一般的佛寺道观，显得简单厚重，朴实无华。神堂内供奉着土家先祖彭公爵主、向老官人和田好汉塑像。神堂外还立有清道光二十七年（1847）和同治二年（1863）维修摆手堂时所立的古碑。

摆手堂 ▶

又如重庆酉阳土家族苗族自治县后溪镇的长潭爵主宫，爵主宫因主要祭祀彭公爵主彭士愁而得名。始建于清代咸丰年间，有近二百年的历史。其主体建筑为砖木结构的复四合院布局，清代建筑风格。整座建筑分为前厅、正殿、厢房、前后天井等部分。内有彭氏宗祠和爵主宫，前者供奉彭氏历代先祖，后者供奉彭氏开山始祖彭士愁。主殿正门前是用青石板铺成的能容纳数十人跳摆手舞的长方形坝子，坝子的三面是雕刻精美的石护栏。长潭爵主宫是渝东南地区现存的唯一的与宗祠一体的土家摆手堂，是土王庙与宗祠相结合的复合体，也是研究土家族原生文化的生存与变异轨迹的重要实物资料。

摆手舞是具有土家族民族象征的舞蹈，具有很高的历史、文化和艺术价值。2006年湘西土家族苗族自治州申报的“土家族摆手舞”被列入国家第一批非物质文化遗产保护名录，2008年恩施土家族苗族自治州来凤县和重庆酉阳土家族苗族自治县申报的“土家族摆手舞”列入第一批国家非物质文化遗产扩展名录。由贵州省沿河土家族自治县申报的“土家族摆手舞”列入贵州省第二批非物质文化遗产名录。

撒尔嗬：古老丧葬祭祀仪式

“撒尔嗬”是土家语，源于舞蹈音乐中反复出现的“撒尔嗬”号子。用汉语称呼为“跳丧舞”“打丧鼓”“跳丧鼓”“闹灵歌”等，是著名的具有浓郁土家族民族色彩的民间舞蹈，也是土家族历史悠久的古老丧葬祭祀仪式。“跳丧舞”主要流行于清江流域，与主要流行于酉水流域的摆手舞相对应，有“南摆手、北跳丧”之说。但这两种舞都有共同之处：以讲述人类起源、民族迁徙、传说故事为主要内容。土家族“喜”以舞蹈表述，“丧”亦以舞蹈表述，史籍记载：“其父母初丧，击鼓以道哀，其歌必号，其众必跳。”反映出一种豁达的生死观。

舞蹈动作

跳丧舞主要是一人掌鼓领唱，二男为一组在棺材前对舞，如场地允许，可有多组人同时对舞，其他人则应领唱者歌声而唱和。对舞者动作皆为模仿飞禽走兽，有“凤凰闪翅”“燕儿含泥”“猛虎下山”“猴子爬岩”“狗吃月亮”“黄狗撒尿”“犀牛望月”“牛擦痒”等，动作惟妙惟肖。如“凤凰闪翅”是二人背对背，双臂展开，上下扇动，恰似凤凰展翅欲飞；“牛擦痒”则二人背靠背，双手叉腰、左右相对擦、晃，腰胯以下做大幅度颤动。有些动作难度较大，如“燕儿含泥”，一跳舞者丢一手帕在地上，另一对舞者叉开双腿站立，双臂后展做燕儿翅膀状扇动，随着鼓点慢慢弯下腰以嘴触地含起手帕，反复数次犹如杂技。

跳丧舞动作虽多，但步伐套路则比较固定：基本动作称“四大步”，两个舞者在地面先后踩出两个平行四边形。因其形又称为“升子底”或“踩线扒子”，这个动作规律性强，要求对舞两人步伐协调一致；主要的手法是“挽”和“靠”，以“挽手花”为主；主要身体动作是“滚”，分为全滚和半滚两类。二人始终有一只手臂相靠为全滚，相挨即分称为半滚。各种基本动作、手法、身体动作大都融合成为套式，如“风夹雪”“凤凰闪翅”“美女梳头”等。此外还有纵、跳、踢腿等难度较大的动作，称为

董家大墓牌坊——永顺列夕

土家葬礼

“武打丧”，基本动作一套八式，步伐动作较为激烈。跳丧无特定服装，跳武打丧时男人可以打赤膊。

曲牌与唱调

跳丧舞曲调有“摇丧”“叫歌”“正宫调”“将军令”“一字词”“节节高”“螃蟹歌”等数十个曲牌。唱腔分高腔和平调，主要是6/8拍，其基调凄凉哀怨，似乎是逝者在回顾人生，感叹人生短促，生命不再。又似乎是孝男孝女在感念亡人，颂扬他一生的功德，祈祷他入土为安，来世修福。唱词经过了世世代代的民间艺人打磨，句句动情，声声入耳，唱腔中多处使用“撒尔嗬”的衬词，感染力强。跳丧开始，掌鼓者通过敲击鼓心、鼓边、鼓沿，发出变化多样、不同音响的鼓点，并合着鼓点引吭领歌。跳舞者则随着节奏，身体上下颤动，胯部左右摆动，上肢随胯部的摆动自然在胸前晃动，摆臂、圆肩、下沉、扣胸，双脚则交替移动与手相互呼应。整套动作协调中有个性，粗犷中有细腻，节奏明快，气氛热烈。情绪达到高潮时，掌鼓者还会离开座位走到场中，同舞者共舞共歌，如醉如痴，和谐自然。

跳丧舞是一种锣鼓打拍、一人领唱、众人帮唱、载歌载舞的祭悼亡人的群众性舞蹈。舞蹈在死者灵柩前进行，柩前挂幕布，幕前供着死者灵牌，并在小竹签上扎上小白花，死者多少岁就插

▲

湖北来凤仙佛寺摩崖石刻

多少根竹签，称为“寿签筒”。跳丧一般只为寿终正寝的老人举行，但去世的青、壮年人如有子女，其父母老人均已不在世，死后也可进行跳丧。跳丧舞的音乐高亢深沉，舞步健美勇武。曲调虽有凄凉之音，但歌词少有悲伤之感。既有歌颂祖先开疆拓土业绩，也有反映先民渔猎活动；既有历史传奇的名人逸事，也会歌唱死者的生平事迹；日常生活的趣事也可成为歌唱的题材。歌词一般为四句七言，内容古朴。一首歌词终了，大家会高声合唱一句“解忧愁噢”，表示为死者家里散忧解愁。土家人把白丧事当作红喜事办，是因为对生死的态度非常乐观。认为死了的人不能光听哭声，还要看点舞蹈高兴一下，跳丧就是让死者在入土前再一次享受人间的娱乐。因此，亲友们守着灵柩，打鼓跳丧，热热闹闹陪伴逝者度过人世间的最后时光，做一次最后的生死“联欢”。守灵的大夜热闹而庄重，逝者不孤独，生者感悟到的则是积极的人生态度和超然通达的生命观念。土家人恰如其分地称之为“白喜”。正如丧歌所唱：

人生命尽总难逃，纵有精神也不牢。
犹如梅花遭雷打，恰似嫩花被风摇。
罢了罢了真罢了，人生好似一春草。
平凡春草谁不老？秀青秀来高青高。

2006年，跳丧舞被列为首批国家级非物质文化遗产项目，为使这一文化遗产得以传承，湖北省长阳土家族自治县当年即建立了土家族撒尔嗬传习基地及撒尔嗬文化生态保护区。当地文化部门积极鼓励民间艺人开展带徒传艺活动，并举办师徒大赛。2010年，在中央电视台青歌赛原生态唱法总决赛中，湖北省选送的恩施土家族苗族自治州巴东撒尔嗬组合夺得金奖，使土家族这一外人难窥其真貌的艺术走出了土家族山区，走向了全国。

楚

第八章
文物古迹

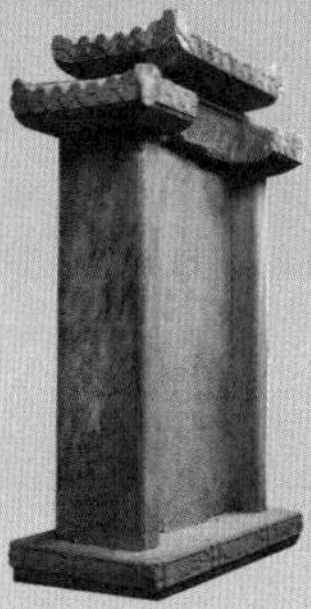

“山中一柱独擎天”的溪州铜柱，记录了五代楚国与羁縻溪州的盟誓契约，这一契约内容得到了其后相继更替的诸王朝的认可，造就了彭氏统辖该区域达八百余年的历史，堪称传世奇迹。里耶秦简的出土，再现了昔日蛮荒之地的辉煌文明。被誉为“中国的马丘比丘”“南方的故宫”“全国保存完好的古堡式民族文化古城”“西南少数民族地区保存最为完整的军事性城堡”的土司王城老司城，是我国第五批全国重点文物保护单位、第一批国家考古遗址公园，2015年我国向联合国申报世界文化遗产的唯一单位。土家族“开天辟地”之处的里耶古镇，为土家族发祥地之一。

铜柱秋风：“半壁江山悬霸业”

千年铜柱壮边陲，旧姓流传十八司；
相约新年同摆手，春风先到土王祠。
溪州铜柱八百歌，各洞长官知若何？
五十八旗分辖处，彭田王向数家多。
上溪州接下溪州，又到黔安古渡头；
儿女何关家国事，为看铜柱也来游。
蛮烟瘴雨马前空，日月初升一片铜；
高挂南山云向北，俯临辰水浪朝东。
倚天紫气分长剑，朴地苍崖拥短虹；
想见土酋环柱泣，铙歌鼓吹满西风。
当年王号籍南陬，姓氏居然在上头；
半壁江山悬霸业，千秋峒户控溪州。
中原无主乾坤破，庶子成名乳臭留；
土宇只今天作界，不须铜柱补金瓯。

这首《铜柱词》是清代土家族诗人唐仁汇所作，它叙述了五代天福年间，以彭士愁为首的溪州诸蛮“半壁江山悬霸业”、十八土司相更迭、土家族疆域最终奠定的历史事迹。

▲ 反映了溪州结盟的铜雕作品

铜柱——历史见证

五代后晋天福四年（939），土家族先民彭士愁率领溪州、锦州、奖州诸蛮万余人，进攻楚国辰州和澧州，爆发了土家族历史上著名的“溪州之战”。战争于天福五年（940）以双方盟誓和约而告结束，盟誓地点在酉水中游的湖南古丈县会溪坪，史称“会溪之盟”。盟约全文铭刻于铜柱之上，名曰《复溪州铜柱记》，铜柱最初竖立于会溪坪，即第一批全国重点保护文物“溪州铜柱”。

溪州铜柱重约5 000斤，总高约400厘米，其中入地近200厘米。全柱为空心八面形，每边长17厘米，内空直径约39厘米，上端有顶，下端圆形。柱内空心原来全由铜钱填实，清中叶时柱上铜顶被人偷盗，相传舟至江心风浪大起，舟沉人亡，铜顶也沉入江底不知所踪。柱内铜钱因顶丢失亦被后人以饴粘钱悉数盗尽。

溪州铜柱铜质精纯光润，虽经千载风雨洗刷，霜雪蚀磨，其八面所镌楷体阴文仍清晰如初。其上所刻文字总数有2 614字，由原刻和加刻组成。原刻文字系天福五年所留，即《复溪州铜柱记》全文。《复溪州铜柱记》分为记文、铭词、誓状文、题名4个部分，共41行2 118字。其中标题1行6字；内容文字20行795字；前后年月3行98字；题名10行896字；各行下附列题名17行390字。记文叙述了“溪州之战”的起因、经过与结局；铭词是对楚文昭王马希范的颂诗；誓状文记载了会盟双方所提出的盟誓内容；题名记录了楚国与溪州参与会盟的人员及铜柱铸造，镌刻及竖立时间。盟誓缔约双方题名为：楚国代表楚文昭王马希范、学士李弘皋、监造者马希广3人；溪州代表是以彭士愁为首的彭氏8人、田姓4人、覃姓3人、龚姓2人、向姓1人、朱姓1人，共19人。加刻文字主要是宋真宗天禧元年（1017）所留。该部分文字由“复溪州铜柱记”“维天禧元年十一月十五日移到至十六日竖立讫，铜柱高壹丈贰尺，内入地陆尺。重伍千斤，并石莲花台及下有石颓”等字和后人所加的54个官衔人名。但不论原刻和加刻文字，其历史研究、文物价值都是十分珍贵的，铜柱是研究我国民族关系的重要实物材料，是土家族历史的瑰宝。

铭刻的双方誓状文约定，为彭士愁地方独立王国的建立奠定了基础。其疆域包括了以今天永顺、保靖、龙山、古丈、花垣、凤凰、桑植、永定等县为中心，涉及周边湖北、重庆、贵州部分地区的广阔区域。彭士愁自任溪州刺史兼都誓主，其长子彭师裕守溪州大乡县（今湖南永顺、古丈、龙山等地），次子彭师杲守溪州三亭县（今湖南保靖、花垣、凤凰等地），子孙世代相传，沿袭不断。《宋史》卷四六一载：

北江蛮酋最大者曰彭氏，世有溪州，州有三：曰上、中、下溪，又有龙赐、天赐、忠顺、保静、感化、永顺州六，懿、安、远、新、给、富、来、宁、南、顺、高州十一，总二十州，皆置刺史。而以下溪州刺史兼都誓主，十九州皆隶焉，谓之誓下。州将承袭，都誓主率群酋合议，子孙若弟、侄、亲党之当立者，具州名移辰州为保证，申钤辖司以闻，乃赐敕告、印符，受命者隔江北望拜谢。州有押案副使及校吏，听自补置。

酉水摆渡

显然，彭氏八百余年统治传承的基础正是《复溪州铜柱记》中政治与经济自治权的获得。

铜柱——心中神物

溪州铜柱是土家族人民心中的神物。民间纠纷的解决，到铜柱前饮血明誓；消灾祈福的仪式，到铜柱前举行；往返于酉水河上的船只，在上、下凤滩之时，船工必到铜柱前焚香祈祷平安或谢恩，已成为传统习俗。神化的铜柱是丝毫不可亵渎之物，传说中偷盗铜柱顶盖之贼，在酉水中遇狂风巨浪而舟覆人亡，正是对亵渎铜柱之举的警告。

铜柱的神化不仅使铜柱本身历经千年而得以完整保存，而且在重大事件的解决中，也常常左右事件的进程，在事关彭氏土司的存亡之际，要战争还是要和平，溪州铜柱居然成为了指向标。

乾隆《凤凰厅志》卷二十记载了湖广“改土归流”时任衡州副将的周一德利用溪州铜柱的神化地位，利用了土人对铜柱“无敢近而手抚者”的敬畏心理，在焚香拜庙前夜，命令下属偷掘铜柱的基础让其虚立，第二天轻推即倒，使土人“惊噪奔走惶汗”“谨乞命，遵约束”。兵不血刃地达到了“改土归流”的目的。下文记述了事件经过。

雍正三年，周一德“径赴永顺、保靖等处，而永之土人初犹顽抗，公遂驻营鬼滩，谍知岸有伏波庙，外立铜柱，高丈余，入土一尺五六寸，土人敬畏，无敢近而手抚者。公命社把告永人云：因有伏波遗记，今年月日应我倒铜柱，令尔等为中国良民。永人疑之，皆蚁山凭岩，持枪弩以观。公从容焚香拜庙毕，出诸柱前举臂撼柱，柱应手倒。永人惊噪奔走惶汗，匍匐公前曰：公，天神也，谨乞命，遵约束。于是风声所至，除道欢迎……而茅冈、忠建、木栅、散毛、腊壁、大旺、漫水、白岩、上洞、中洞、下洞、腊惹、大喇、田家洞、麦著黄、驴迟洞、施容洞等十七土司向为桑、永、保所领者，尽入版图所有。”

铜柱——化解冲突

溪州铜柱历史上曾多次被移。天禧元年（1017），辰州都巡

▲

溪州铜柱
——会盟

检李守元、知辰州钱绛等因边界纠纷进攻溪州并掳走铜柱。时任溪州刺史彭儒猛让顺州蛮酋田彦晏上状荆湖路，自诉求归。荆湖路转运使特许释罪。彭儒猛奉还所劫掠的民口与器甲，辰州通判刘中象奉诏与彭儒猛于明滩歃血要盟，冲突得以解决。为纪念这一事件的解决，在铜柱上加刻了“维天禧元年十一月十五日移到，至十六日竖立记”的铭文。

至和二年（1055），因彭师宝告发其父——时任溪州刺史的彭仕羲（自号“如意大王），滥杀誓下十三州将，夺其符印，并其土地。知辰州宋守信等又攻入下溪州，但征讨遭之大败，宋守信损兵十之六七，因此被贬谪。接任者三司副使李参、彭文思等，虽率大军前往征讨，但仅仅为招谕作声势而不敢进攻。其后，殿中丞充辰、澧、鼎州体量公事雷简夫亲率大军进攻，也仅至凤滩滩头的石马崖，掳去铜柱而作罢。事件的最终解决仍然是以盟誓媾和而告结束。据《宋史·诸蛮传》载：彭仕羲乃归所掠兵丁五十一人、械甲千八百九事，率蛮众七百，饮血就降，辰州亦还其所掳铜柱。雷简夫在凤滩滩尾筑明溪上、下两寨（今湖南沅陵明溪口）固守，并石刻《明溪新寨题名记》记载该事件：

至和二年冬，辰军责蛮人之慢，焚其下溪州，取铜柱大铛而还。刺史彭仕羲以族奔向峡木浣洞。朝廷因止其进奉，及禁于市。后蛮中岁饥，且稍为边患。嘉祐二年冬，简夫奉敕视三州边事。十二月至辰，与本路转运使王绰、州将窦舜卿，议复取落鹤寨至石马崖、喏溪十年间蛮人所侵官地。三年二月，同州将兵驻明溪，筑上、下两寨，自三月十七日版筑，至四月十四城成，破山开路，抵石马崖，既尽故地，又将进兵城下溪州，用平其巢穴。六月仕羲以状伏罪，乞命请降，遂止是行，犒兵于新城。因列随军官员姓名，勒于崖石，庶久其传也。

殿中丞充辰、澧、鼎州体量公事雷简夫题。

自至和二年（1055）溪州与辰州歃血盟和后，宋朝一直没有向溪州用兵，双方保持着和平相处的状态，显然是盟誓和平解决的方式有效地化解了冲突，其持久力远胜于武力解决。

酉水源头

溪州铜柱初立时无任何遮雨设施，清光绪十一年（1885），永顺府知府张曾敭筹资建亭保护。民国年间亭被毁，铜柱长期掩盖于荒草杂树丛中，但得到当地土家族人民的自发保护，才未被盗走或损毁。1961年3月4日，国务院公布了第一批全国重点保护文物180处，“溪州铜柱”位列其中。当时湖南省的国家级重点文物保护单位只有“韶山冲毛主席旧居”“秋收起义文家市旧址”和“溪州铜柱”三处。铜柱原立于湖南省永顺县野鸡坨下酉水河边的铜柱溪旁，1971年修建凤滩水库，因铜柱所立地为淹没区，而将其迁至上游距原址约10公里的王村镇花果山上，并建立保护亭为铜柱遮挡风雨。2004年，为适应王村旅游开发的需要，同时也为了确保溪州铜柱的安全，将溪州铜柱迁入王村镇（今名芙蓉镇）内古街上的溪州民俗风光馆。

古人对溪州铜柱多有歌咏，最著名的一首是明代诗人周惠畴的《铜柱怀古》：

黄金铸就几千年，胜迹曾闻父老传；
眼底清峰皆委地，山中一柱独擎天。
影横西涧龙惊蛰，光照南山鹤不眠；
碧草白沙相对晚，凉飙两袖袭诗仙。

里耶秦简：记录秦政十五年

2002年，在里耶考古发掘出土的秦朝古城及在一口古井中发现的36 000余枚秦代简牍，成为继秦始皇陵兵马俑之后秦代考古的又一重大发现，使我们得以了解史籍中不曾记载的先秦时期里耶的辉煌。秦王朝在中国的历史中仅仅存在了15年，里耶秦简出土之前，《史记·秦本纪》对秦朝的历史记载寥寥数语，社会生活的记载更是不足千字。里耶秦简弥补了文献的不足，36 000余枚秦简，20余万字的文献资料，真实地展现了秦朝部分历史，使史

里耶秦简
一号坑

学家能触摸秦朝那段历史，让尘封了两千多年的那段历史触手可及，也真实再现了里耶当年的辉煌。

古城出土的秦简，以“价值连城”喻之还不足以表达其珍贵。在此之前，中国出土的秦简总数不到2000枚，而里耶这一次出土的简牍竟达36 000余枚，所记载的秦朝历史，纪年从秦王政二十五年至秦二世元年，一年不少。其内容多为官署档案，涉及邮驿、军备、数术、记事、行政设置、职官、民族等方面。对当时各个事件的记录，详细到了某月某日。详实可信，弥足珍贵。如编号J1（16）5的简牍，其记曰：

廿七年二月丙子朔庚寅，洞庭守礼谓县啬夫、卒史嘉、叚卒史谷、属尉，令曰：“传送委输，必先悉行城旦舂、隶臣妾、居赀赎责。急事不可留，乃兴徭。”今洞庭兵输内史及巴、南郡、苍梧，输甲兵当传者多。节传之，必先悉行乘城卒、隶臣妾、城旦舂、鬼薪白粲、居赀赎责、司寇、隐官、践更县者。田时殴，不欲兴黔首。嘉、谷、尉各谨案所部县卒、徒隶、居赀赎责、司寇、隐官、践更县者簿，有可令传甲兵，县弗令传之而兴黔首。可省少弗省少而多兴者，辄劾移县，亟以律令具论，当坐者言名，夬泰守府。嘉、谷、尉在所县上书嘉、谷、尉。令人日夜端行，它如律令。

三月丙辰，迁陵丞欧敢告尉：告乡司空、仓主，前书已下，重，听书从事。尉别都乡司空，传仓，都乡别启陵、贰春，皆勿留脱，它如律令。钔手。丙辰水下四刻，隶臣尚行。

三月癸丑水下尽之，阳陵士五匄以来。邪手。

口月癸卯，水十一刻下九，求盗簪裹阳成辰以来。羽手。如手。

湖南吉首大学文学院副院长王焕林教授将其翻译成白话文：

始皇二十七年二月十五日，洞庭郡守礼告知各县啬夫、卒史嘉、假卒史谷、郡尉，法令明言：“运输任务，一定先要尽量使用城旦舂、隶臣妾、居赀赎债类人员，任务紧急而不能滞留的情况下，才允许兴发徭役。”现在洞庭郡的军械要运往内史、巴郡、南郡、苍梧郡，这一铠甲、兵器运输任务所需运输人员数量庞大。如果实施输送，一定先要尽量使用乘城卒、隶臣妾、城旦舂、鬼薪白粲、居赀赎债、司寇、隐官、践更类人员。现在正是

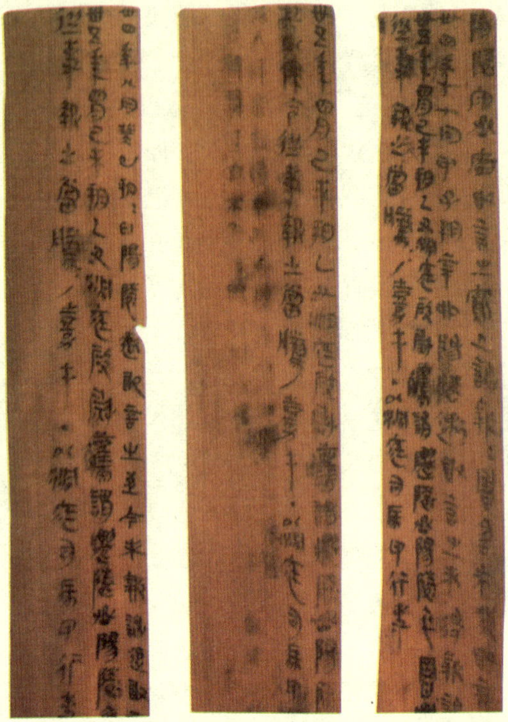

里耶秦简

农田春忙季节，不想对百姓随便兴发徭役。嘉、谷、郡尉各自谨慎核查所负责之县的守卒、徒隶、鬼薪白粲、居赀赎债、司寇、隐官、劳役人员的登记簿，如果有可以用于运送铠甲、兵器的此类人员，县里没有命令他们去执行运输任务而向百姓兴发了徭役，以及兴发徭役的人数可以节省但没有节省反而多兴发的，即予以检举并发送文书与该县，该县要及时依法处理，应当承担罪责的人上报其名，由太守府决断。嘉、谷、郡尉所在之县，将文书分别上达嘉、谷、郡尉。本文书令人日夜火速下达，其他事宜按照相关律令条文执行。

该条秦简的记载几乎涉及了秦朝在湘西行政管理的各个方面。官制有洞庭守、县啬夫、迁陵丞、卒史、假卒史、属尉、乡司空、仓主等职。郡、县、乡三级行政官职均有记载，说明秦在湘西地区的行政建置已十分完善。特别是“乡司空”职务的出现，更弥补了文献无载之缺，说明了秦的行政管理已直达于乡，在当时还属秦边境的土家族地区，行政建置已如此完整，足见秦朝中央集权控制的严密。

在秦简中发现了我国最早最完整的乘法口诀表。乘法口诀是儿童启蒙时必须背诵的数字运算基本法则。秦简记录的2 200年前的乘法口诀表，竟与现今生活中使用的乘法口诀表有着惊人的一致，给世界算术史的研究提供了一个珍贵的实物史料。在秦简的古人乘法口诀表里，还记载了“二半而一”的分数运算，这是现代乘法口诀表都没有的内容，秦简的出现改写了世界数学发展

出土里耶秦简的古井

史。西方最早的乘法口诀表是在1600年前发现的，而里耶秦简的乘法口诀表比西方早了600多年，悠久的中华文明再一次得到了有力的证明。

秦简上“迁陵以邮发洞庭”的记文，解开了两千余年来的一个历史疑问，历史上似有似无的洞庭郡得到了肯定的证实。从《史记》《汉书》的记载来看，秦在全国共设有36郡，与土家族地区相对应的地域为黔中郡。但在里耶出土的秦简，却根本没有黔中郡的记载，只有洞庭郡的名称，通过秦简的纪文可以认为秦朝在建立之初即以洞庭郡之名取代了黔中郡名称，秦朝从始至终均没有黔中郡这个行政建制，今土家族地区在整个秦代都应属于洞庭郡辖域，后世所称的黔中郡之名，仅是沿袭楚国行政建置的名而已。七字简文修正了太史公司马迁《史记》的权威记载，不可谓不是一个奇迹。

在里耶下游50多公里、距沅陵县西北15公里处，有一座风景秀丽的二酉山，在山腰的绝壁处，有一座二酉洞，相传秦时“焚书坑儒”，两位儒生把秦简藏于洞中，后世有了“书通二酉，学富五车”的成语。但自古至今并没有在二酉洞发现过任何书籍。可在此上游的里耶镇古井里，却发现了大批秦简。古洞藏书古井现，或许“书通二酉”应是指路径，“学富五车”应是指古井了。

崖墓葬：北纬30°线奇观

在地球北纬30°线左右，分布着最为著名的地理自然景观和人文景观：古埃及的金字塔及狮身人面像、撒哈拉沙漠的“火神火种”壁画、巴比伦的空中花园、复活岛巨人石像、玛雅文明遗址、传说中沉没的大西洲……这些人工建筑奇迹，都拥有一个共同的声誉：神秘！地处北纬30°线左右的土家族生活区，同样拥有这个神秘声誉，崖墓葬就是其一。

史籍记载

在酉水、澧水等河流两岸的悬崖峭壁上，不论是上游或是下游，也不论是支流和干流，在高不可及的人工雕凿的石穴或天然石洞内，有隐约可见木头的崖墓几乎逢崖必存。对于这些洞穴，最为流行的传说是诸葛亮征南蛮时，令人在悬崖上凿穴或利用天然洞穴烧火照明，给夜行的战船指明航道，故而叫“孔明灯”。当地人还称为“蛮洞”“蛮子洞”“挂岩子”等。按今天考古工作者的统一称呼，则叫做崖墓葬。对于这些神密的崖墓，古人早有观察，自唐以下，杂记、野史、县志多有记载。

酉水石刻

唐人张鷟在《朝野佥载》卷二记曰：

五溪蛮父母死，于村外阁其尸三年而葬，打鼓踏歌，亲属饮宴舞戏，一月余日。尽产为棺，余临江高处半肋凿龛以葬之，自山上悬索下柩，弥高者以为至孝，即终身不复祭祀。

南宋朱辅在《溪蛮丛笑·葬堂》中记载：

死者诸子照水，内一人背尸，以箭射地，箭落处定穴，穴中藉以木。贫则已，富者不问岁月。酿酒屠牛，呼团洞，发骨而出，易以小函，或枷崖屋，或挂大木，风霜剥落，皆置不问，名葬堂。

元代周致中在《异域志》五溪蛮条中曰：

洞蛮遇父母死，行鼓踏歌，饮宴一月，尽产为棺，临江高山，凿龛以葬。

清乾隆《永顺县志》卷三记载：

仙人棺在南渭州，棺悬石壁不知年代。又扎虾蟆口石壁高数丈，下临深潭，口内有古棺三，左右二具色黝黑，中独殷红若硃。司治（老司城）东南十里，灵溪河南岸，悬崖峭壁间有一石洞，洞门高敞，内葬死者，相传古有之。

清嘉庆《龙山县志》载：

仙人棺，在县南一百八里隆头镇，岩山壁立，下临大江，渟百余丈，山腰一洞，洞口横木匣长数尺。相传有人从山顶而下，启视之，皆古篆文字，遂称仙迹。”“仙人洞，在县西二十里，岸峦壁立，下临深潭，山半有洞，左右攀缘无路，相传内有盘、盂、杯、箸之类，皆金银为之。

知识链接 **崖墓葬** 从古人记载来看，崖墓葬是二次葬，在父母死后，身背死者来到河边，以箭射向河岸绝壁确定墓址，由于凿穴需要时间，死者先葬他处，三年后才“发骨而出，易以小函”，并“打鼓踏歌，饮宴舞戏”，十分隆重地放于崖屋。由于崖墓葬“弥高者以为至孝”。耗费极巨，甚至是“尽产为棺”，家贫之户难以使用这种葬式安葬死者，但富有人家可以“酿酒屠牛”，于至高处设置“葬堂”。

留存现状

崖墓葬式起源于何时，何时被古人弃之不用，千百年来都是一个谜。20世纪70年代，为配合西水凤滩电站建设，湘西土家族苗族自治州文物工作队于1973年6月、1975年3月、1978年4

月，对西水沿岸进行文物普查，并对水库淹没区进行抢救性发掘。保靖县龙溪公社（今属保靖县迁陵镇）乳香岩、暮鹰岩，梅花公社（今属保靖县迁陵镇）的小鹞子绝壁；永顺县柏杨公社（今属永顺县泽家湖镇）南渭州箱子洞等地的22座崖墓在这次文物普查中得到了考古清理。

棺、骨皆存的崖墓是乳香岩崖墓，该墓在《保靖县志》上所载地名与今天毫无二致："乳香岩，在邑东南八里，绝壁临江，岩半为方穴庋木匣，历久不朽，又号仙人木，舟中可望。"据考古实测，该崖墓位于河岸绝壁40余米之处，口高1.56米，宽1.15米，深1.15米。墓内仅存残棺板2块，腿骨2根，银质麻花手镯1件、银簪1件，但年代无法断定。

能推算出年代的和墓主地位的是南渭州箱子洞崖墓，该墓位于西水北岸绝壁之上，高达50多米，墓口高2.8米，宽3.2米，深2.1米，与众不同的是，该墓口上有两个柱洞，下面有一个柱洞，是否是当时为便利安葬所凿的木桩础洞，难以判定。在墓中清理出宋崇宁重宝钱1枚、天圣元宝钱1枚、铜銙2件、银銙2件、小铁饰1件、残铁刀1件、棺钉4个及残余头骨1块。銙是唐时佩于腰间的饰物，二品以上官员为金制，六品以上为犀角，九品以上为银制，平民则为铁制。依据发现的銙和宋钱，可判定此墓应是唐宋朝时期所建，墓主为九品以上官吏。

崖墓葬

另一较大的崖墓是小鹞子绝壁上的崖墓，口高2.4米，宽2.2米，深达2.1米，墓左右两壁各凿有一石龛，左边为方形，长13厘米，宽12厘米，深13厘米。右边为圆形，直径20厘米，深17厘米。该崖墓无任何遗物发现。其余崖墓一般口高0.7~3.5米，宽0.75~4.95米，深0.4~2.8米，多距河岸高10~30米高处，均无遗物出土。现因凤滩水库的蓄水，大多崖墓已被水淹，令人可惜。

但在没修水电站的上游或支流，仍有许多崖墓葬得以保存。湖北宣恩白水河的月亮岩，在下距河岸300余米的绝壁之中，有一崖墓，传说墓主人叫匡景成，但不知是何年代的人。据说将他葬入崖墓那天，来凤城内鸡犬居然都默然无声。绝壁中不可能攀及的崖墓和鸡犬无声的传说，使月亮岩更为神秘。

位于清水江畔的保靖县毛沟镇，是处于上下游均为峡谷，而中间恰好有一不起眼的平坝小镇，但你只要从小镇沿河而行不出数里，东西两侧峡谷中的崖墓却十分惹眼，在黑白颜色相间的峭壁上，竟然不可思议地分布着人工开凿的十分规整的石穴，大的呈矩形，长约2米，高、深均约1米。小的呈正方形。一些石穴从崖顶的杂树丛中可攀爬入内，但大多数石穴只能令人望崖生叹。

酉水崖墓至今还有新的发现，2010年8月24日，全国第三次文物普查湖南省龙山县普查队在酉水进行文物专项调查时，在华塘街道办事处红岩寺酉水河段水寨的崖壁上，发现一处崖墓葬群，崖墓葬群共有三个独体墓室。其中一个单独在下，另两个并列在上。墓室口径约1.5~2.5米。据有关专家初步考证，该崖墓葬群建于宋代。水寨崖墓葬群的发现，为酉水文明再添新证。

墓葬类型

崖墓葬是古代南方少数民族地区流行的一种古老丧葬形式。大致可分为四种类型：将葬具放置于天然崖穴中的称崖洞葬；将葬具放在山崖突出部位的称崖墩葬；将葬具放置在人工开凿的山

知识链接 **洞葬的起源传说** 相传很久以前，人类习惯于将死人的尸体平分给大家吃掉。后来有一个青年目睹了母牛生小牛时的痛苦情形，感恩自已母亲辛劳和养育之恩，决心改变分食老人尸体的陋习。当他母亲衰老去世以后，他便将母亲的尸体藏匿在绝壁之上常人难以到达的崖洞中。其他人也因之效法，久之，成为了一种习俗。

崖窟龛中的称崖窟葬，在悬崖上凿孔钉木桩搁置葬具叫悬棺葬。据研究，崖墓葬可能是东汉时期一种独特的墓葬风俗。历经三国、两晋、南北朝、隋唐、两宋、元明清，现在西南少数民族中仍可见这种葬俗的实行。

伦理观念

崖洞葬是早期人类社会的产物，考古学资料表明，在远古时期由于社会生产力低下，人类多以天然洞穴为居住之所，人死后就直接埋葬在生前所住的洞穴之中，生时既以崖洞为家，死后依然归葬崖洞，这是符合情理的事。但置于高不可及的崖洞中，源于人类的伦理道德。

人类社会的宗教观念产生以后，人们便根据鬼魂到另一世界去生活的幻想，将人的现实生活附加给鬼魂世界，认为死者的鬼魂与原先的社会群体依然保持着密切联依，迷信祖先的灵魂具有佑护子孙后代的神秘力量，从而想尽一切办法来安抚死者，以取悦祖先的灵魂，得到祖先灵魂的保护。因此，对死去的祖先极为崇敬，担心毁坏尸骸会使祖先的灵魂失去依托。所以在葬法上尽量避免野兽和其他人为因素的伤害，希望在冥冥之中的逝者仍然与他的亲人在生前所处的地理环境中在一起。近水而居的古代人们，自然便将逝者的葬地选在依山傍水的悬崖峭壁上，既保证了人迹罕至，野兽难以侵害，祖先灵魂得到永久安息的目的；也达到了人们远远可看见逝者归宿之地，祖先的灵魂仍与亲人们生活在一起的愿望。

司城春秋：“南方的故宫”

列为全国文物重点保护单位的永顺老司城，是物质形态土司文化最具代表性的典型，被誉为“中国的马丘比丘”“南方的故宫”“全国保存完好的古堡式民族文化古城”“西南少数民族地区保存最为完整的军事性城堡”等。其中的土司衙署、九街十八巷、寺庙牌坊、金石碑刻等，无不体现着土家族人民的独具特色的创造，代表着多样性的土家族土司文化。

永顺老司城遗址

老司城位于湖南省永顺县城以东19.5公里处，其宫殿区中心位置坐标为北纬28°59′，东经109°58′。遗产区面积627公顷，缓冲区面积1 035公顷，共1 662公顷。行政区划原属永顺县麻岔乡，今属永顺县灵溪镇司城村，计有上河、司城、博射坪、联合等4个村民小组，共395户1 595人。主要居住于周家湾、左街、鱼渡街、博射坪等4个居民区内。其历史距今已近千年。

司城兴建

南宋绍兴五年（1135），彭氏第十一任刺史（后称为土司）袭职后，因原治所会溪坪距宋新修的军事要塞明溪寨太近，为免受宋朝的牵制与约束，他将治所向大山腹地后移二百余里，离开了西水河主河道，而在其支流猛洞河上游的灵溪河畔、福石山下择址重建新城。新城位于合称为“三星山”的福石、禄德、寿德之下，称为“三星拱聚”。其后，高大雄伟的太平山、玉笋山、轿顶

咸丰唐崖土司城官道

山、绣屏山、将军山、麦坝山、金花山、天马山、狮子山、美女山、仙人山、贺虎山、玄武山、九肇坡山、送答茄山等，连绵成屏、众星拱月般地围捍着司城，称为“万马归朝”，体现出土司的无尚威严。在群山环抱之中，城池、别墅、寺庙、摩崖石刻等人为建筑，连绵东西约2公里，南北约20公里。新址以西南地区秀美的自然山水环境为依托、以中心城址为核心、以绕城而过的灵溪河为城池，形成沿河两岸分布的景观布局，具有山、水、城共存的空间特征，极具我国城市建筑的风水观。

司城布局

新城分为宫殿区、衙署区、居民区、苑墅区、宗教祭祀区等区域。

宫殿区位于司城北部，是刺史（或土司）的生活住宿区，总面积达14 000平方米，全区以厚约1米的石墙围实，留有四门以便出入。大西门是主门，门外是由红砂岩镶边，用鹅卵石填实嵌花铺成的大道，通向居民区的河街。大西门内有北、东、南三条道路通往各宫殿。各宫殿之下有九条用砖石砌成的拱券排水道，拱券高达1.5米、宽达0.5米，据说这排水道还是土司运兵和逃生通道。立于宫殿区内有一“德政碑”，其碑文歌颂土司的仁政与爱民，署名为宣慰司所辖的五十八旗、三百八十洞首领，显示出其下僚属及全体土民对土司的拥戴。城内“子孙永享”牌坊、“皇图永固”铁钟表述着土司对权力世代相传的渴望。

湖南永顺芷州土司衙署

衙署区位于宫殿区南侧，建筑枕山临水，拾级而上，气宇轩昂，极有特色。明代《永顺宣慰司志》详细记载了衙署区的建筑：

公廨：中厅一座五间，名绳武堂。间楼一座三间，名纯忠堂。正厅一座五间，名筹边堂。东西厢房二座三间，竖匾曰：钦命都督府。旗桅二，树旗名曰：承流、宣化。左新衙中厅一座七间，名寿禄堂。永镇楼一座三层五间。迎宾馆一座。铜桶一口，铁桶一口。正厅后堂一座五间，各奉先堂祀历代。友应房一座五间，左右鼓楼二间。头门牌坊一座，横额曰：楚南雄镇。

唐崖土司城“长安街”

衙署区亦用围墙圈实，留有四门。两个门与宫殿区相通，以便土司上衙便利。另有南门和西门为对外办事大门，通过正街、左街、右街与居民区相连。

知识链接 宫殿区与衙署区建筑融土家族传统建筑特色与汉族建筑特色于一体，形成独特的地方特色。既有因地形而建造的独具本民族特色的木质干栏式吊脚楼，也有极讲究地基风水来自汉族地区的青砖黑瓦封火墙。其外观颜色大量使用赤色，这是本地历代上贡朝廷的珍品赤砂颜色，衬托着黢黑的山岩和翠绿的山林格外醒目，体现出建筑体的富贵和权威。建筑群的装饰图案既有人物形象，也有写实的如蝙蝠、仙鹿、白鹤、喜鹊及虚拟的龙、凤等动物形象，还有植物如松、竹、梅、葫芦等。这些装饰体现了土司追求“福、禄、寿”的思想观念，透露出了土司的威严。

居民区位于宫殿区与衙署区南侧之下低地，宫殿、衙署自高而下俯瞰着居民区，隐含着面南称王之意，显示出土司的崇高地位。居民区内有正街、新街、河街、五铜街、紫金街、左街、右街（御街）、鱼肚街、半坡街九条大街。大街全由红褐色、灰色、黑色的鹅卵石嵌砌路面，不同颜色和形状的鹅卵石砌成由菱形、矩形、三角形及直线、弧线组成的图案，透露出土家族的审美观。各街又与众多小巷相连，仅仅今天所统计的巷名就有：南门巷、半坡巷、五铜巷、马房口巷、雅草巷、杨士庙巷、朱家堡巷、周家湾巷、城隍庙巷、张家巷、润家湾巷、午门巷、堂坊堡巷、王家巷、西门巷、陈家湾巷、秦家巷、狮子口巷等十八条。还有狮子口、马蝗口两个重要渡口等，总称为九街十八巷二口。城内居民实行里坊制度，从史料记载来看，共有11个坊，今仍存的地名有地灵坊、人杰坊、堂坊、显应坊、杩坊、四泽坊等。

宫殿区、衙署区和居民区构成老司的主体，全城被一条由东北——西南——东南流向的灵溪河围绕，形成一个半岛状，具有“以山为障，以水为池”的军事防御功能。

苑墅区是位于司城之外供土司休闲游玩的公园或仕后闲居的庄园，一般都建于灵溪河畔风景优美之处。如彭世麒为其母修建的莞庄、摆以庄；彭世麒、彭世麟、彭肇槐延续修建的颗砂别墅；彭明辅所修的谢圃；彭宗舜修建的壶窝别墅等。这些建筑设施最大程度地满足土司们休闲享乐的需要，如钓鱼台，是吊矶别墅的组成部分，整座钓鱼台是在一块长15米、宽4米、高6米的天然整体红砂岩上凿刻而成，上有凉亭、多级石阶、垂钓石道、放鱼的石窝，可谓考虑十分细致。在别墅周边，土司们还留下了大量的题名碑刻，其金石铭文数量之多、价值之高在我国各民族土司中居于前列。

据《老司城遗址周边遗存调查报告》不完全统计，在45个地点遗留文物多达187件，分为铭文、墓志铭、碑刻、题刻四大类。这些碑刻撰写的文体不仅仅表现出当时土司们受汉文化影响的程度，还记录了一些重大的历史事件，如征调、抗倭、献木、

老司城出土文物

土司间婚姻等，其可信度完全可以核实家谱和方志的讹误。碑刻重要的有《钦命世镇湖广永顺等处军民宣慰使司宣慰使都督府致仕恩爵王爷德政碑》《世守湖广永顺等处军民宣慰使司彭公德政碑》《南渭州土知州城堡碑》等，在歌颂土司的德政中记录了大量的土司政治、经济、刑罚等制度。

永顺老司城书院牌坊

宗教区在老司城的东部，位于其下游。土家族宗教信仰的神祇，几乎都集中供祀在这一区域之内的各神庙中。《永顺宣慰司志》卷二：

玉极殿：在司治东南二里，有山名真祖山，建殿崇奉玉帝。崇圣殿：在玉极殿右，次建殿崇奉玄帝。水府阁：在司治东南龙洞前。太子太保左都督彭弘澍新建楼阁，上崇三官，下崇许祖。观音阁：在司治。其名石佛山，建崇城隍祠；在五显，祀城隍大王。福民庙：在白砂溪内原祖建祠，以祀五谷神，每年正月十五日，传调合军民于鱼渡街，州上摆列队伍以伺亲临点阅后躬诸本庙。谒令巫人卜筶，一以祈当年之丰熟，一以祈合属之清安。至十月十一，仍照前例报答本年丰稔宁谧，岁以为常。八部庙：在司治前江之西岸凹内，古庙以祀八部大神，每年正月初一巫祀。试白水牛以祈一年休祥。伏波庙：在会溪，崇祀新息侯伏波马王。社令坛：在司治东南那乃浦岸，每年遇春秋二社，椎牛以祀，原无祠。稷神坛：在锡帽山前，原有坛，每年祈祀其神。常有人见穿红袍戴乌幞头。吴着祠：在司治左半坡街，建祠以祀古之土老吴着送。

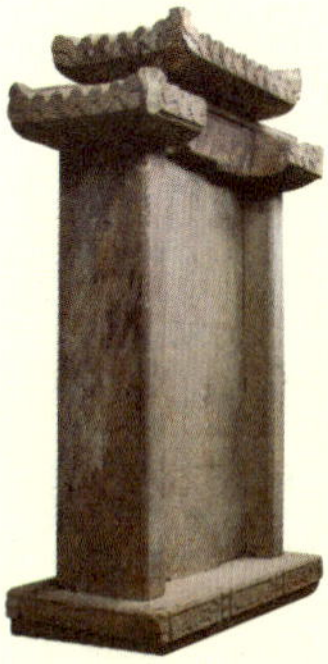

老司城德政碑

这些寺庙既有祭祀汉族宗教神祇的如祖师殿、观音阁、圣英

▲

湖南永顺老司城祖师殿

殿、神武祠、城隍庙、将军山祠、水府阁、五谷庙、福民庙、社令庙、稷神坛、玉极殿、崇圣殿等，也有祭祀本民族神祇的如土王祠、吴着祠、吴着庙、八部大神庙等。数量众多，雄伟庄严，其中保留至今最为完整的为祖师殿。

知识链接 祖师殿初建年代不详，传说在五代天福年间，但可考的历史是建于明朝。其建筑群面对灵溪河坐东朝西，自西向东依次为祖师殿、皇经台、过亭、玉皇阁，均系明代修建。祖师殿为主体建筑，占地面积582平方米。该殿为双檐歇山顶木结构建筑，以34根大柱支撑屋顶，柱础为双叠圆石础，穿斗抬梁式混合构架，大数围的四根正殿柱上架木枋处毫无斧凿痕，柱榫承接处是一斗二开和一斗三开的斗拱结构。其间采用了古之“减柱法”以减去“分心柱”，扩大室内空间。殿堂宽16.9米，进深12.7米，为供祀神像之处。屋顶上覆小青瓦，檐翘角，屋脊有宝项、兽吻。皇经台为歇山顶三层檐，抬梁式，无斗拱，面阔三间12米，进深一间8米。玉皇阁位于祖师殿最后，三层高楼，雕梁画栋。1959年，祖师殿即被列为湖南省重点保护文物。

福石城——老司城

老司城并非是其原始地名，是因永顺宣慰司都城长期设于此，土家人世代相沿袭的俗称，原名为福石城。老司城的“老”，亦不是其原地名的组成部分，今行政区划的法定名称“司城村”足以证明。作为政治中心，老司城也并不是彭氏土司司治最著名的唯一处所。在彭氏土司八百余年的统治期间内，因战争的胁迫与经济发展的需求，政治中心曾多次迁徙，现今能确定地址的有四五处之多。最早的治所可能在九龙蹬，这是在五代晋天福四年溪州之战时，彭士愁死守的一处山寨，后被马楚国将领刘勍放火焚毁；最广泛见于史志所载的则是“溪州之战”后，彭士愁任二十州“都誓主”，确立了统治地位“乃迁州城，下于平岸”的会溪坪，因是“溪州铜柱”竖立之处，会溪坪得以名扬青史。最后的司治是因“三藩之乱”时，彭氏土司接受了吴三桂封号，加入了反清行列。后虽再降于清，但惧于清廷的整肃，为求自保，将司治迁往更远离酉水交通要道的颗砂。不论是最早、最有名、最后的司治均不是“福石城”，但获得“老司城”称誉的却单单是福石城。尤其是在周边土司因司治的迁徙，留下了“老司城”“旧司城”“新司城”等诸多地名的比照下，永顺土司仅留下至今唯一的“司城”名，更彰显出它在土家族人民心中其他地方难以分享的神圣地位。

唐崖土司城

老司城原名是因山而得名福石城，修建新城的这任刺史也因城而得名彭福石宠（或彭福石冲），“宠”是土家语“王”或“首领”的记音，“福石宠”即“福石王”之意。新城让彭福石宠之名永载史册，而本名竟然无人知晓了，家谱中都无奈地记载曰：“忠朴公，讳字无考，俗呼为福石宠。”人因城而得名并名垂青史，表现出了土家人对筑城者的尊重与纪念。

这因城而得人名或因人名而得城名的史迹，堪与马其顿帝国亚历山大大帝始建于公元前332年的亚历山大城、俄国彼得大帝始建于1703年的圣彼得堡相媲美。而后者建城时已晚于老司城568年，其历史也仅仅310年，不及当时老司城878年历史的一半。作为大都城的亚历山大城、圣彼得堡早已享誉世界，这是近年来才发掘现世、藏于深山外人鲜知的老司城难以比拟的，但老司城的历史价值却毫不逊色，越来越得到相关研究领域的重视。2001年，老司城被列为第五批全国重点文物保护单位；2010年老司城被列为第一批国家考古遗址公园；2010年12月21日，《中国社会科学报》在第1至第4版面上，以3个整版做了全面报道，誉之为“中国的马丘比丘”“南方的故宫”。但印加统治者帕查库蒂于1440年左右所建的马丘比丘比老司城晚了近300年。而故宫从明成祖朱棣永乐四年（1406）开始营建起计算，其历史也仅607年，比老司城晚了270余年。2014年经国家文物局批准决定，老司城被列为2015年我国向联合国申报世界文化遗产的唯一单位。

老司城是研究中国土司制度、复原土司社会结构的原始物证，是中国城市建设尤其是少数民族城市建设不可多得的罕有实例。它汇聚了一个民族的政治、经济、军事、文化，见证了土家族的形成，构架了数个朝代治理下管理少数民族的精神实质。至今留存下来依山就势的庞大遗址，城市分区明确，城市功能齐全的设计构思，其真实性和完整性是山地民族现存城市遗址中不多见的实物案例，是山地民族城市建设的典范和奇迹。老司城不仅是湘、鄂、渝、黔四省土家族地区规模最大、保存最为完整的土司王城址，而且相比较于我国其他各族土司遗址而言，用首屈一指来形容是当之无愧的。它是土家人心中的圣殿。

里耶古镇：中国历史文化名镇

里耶古镇，属湖南省龙山县管辖，地处湘渝边区龙山、保靖、秀山三县边境，北倚八面山，南临酉水河，是湖南通往川、黔、渝的咽喉之地。与王村、浦市、茶洞并列为湘西四大名镇。2002年11月，里耶古城遗址被列为全国第五批重点文物保护单位。2005年9月，国家批准里耶为中国历史文化名镇。专家赞誉为“北有西安兵马俑，南有里耶秦简牍”。

里耶的得名源于土家语，“里”是大地、土地，“耶”指开垦、耕耘。土家语动词与宾语是倒装的，“里耶”即“辟地”之意。里耶边上还有一处小地，名叫“麦茶”，用土家语解读，即为“开天”，“开天辟地”！这真是一处神奇的土地，在里耶有一座婆婆庙，里面供着一尊像，叫“雍尼婆婆”，这就是土家族传说中齐天大水之后兄妹成亲使人类得以繁衍的妹妹。2004年2月21日，在里耶镇岩冲一个绝壁岩洞中，发现了一个古人类残骸，该残骸头部已大面积钙化，类似于化石，下颚硕大，牙齿粗长，手指、足趾修长，经初步拼接，估计该残骸生前身高约1.85米。专家们结合其钙化程度，初步推断该具残骸的年代应在一万年以上，因而称为“万岁里耶人”，不知这是否是“兄妹成亲”的哥哥补所。雍尼婆婆供奉在里耶，万岁里耶人发现于里耶，符合了“麦茶”“里耶”的“开天辟地”之意。印证了远古时代，是土家族先民最早在这里拓荒开垦，立基创业，里耶是土家族发祥地之一。

里耶古镇

商业繁华

在《龙山县志》记载中，近代里耶集镇形成于清“改土归流”后，因水陆交通便利，发展极为迅速，清末民初时集镇已颇具规模，有了中孚街、稻香街、新街、万寿街、江西街、四川街、皮匠街和德邮巷等七街十巷，东南西北经纬交错。街道两边房屋大多是前店后家三开两进的木房子，家家挑水屋檐，弧形望板，铺台货柜之上，厅堂库房之间，桐油生漆、药材兽皮、棉纱布匹、陶瓷铁器，南北杂货应有尽有。大小商铺鳞次栉比，最兴盛时期有12家大商号巨贾，中小商号200余家，四川、江西、湖北沅水流域各重要码头的著名商号都来这里开设分号，常德集泰

▲

八面山风光

恒分号经营桐油，生意十分兴隆，账房先生就达7个之多。各商号招牌各具特色，或用梓木黑漆匾额，或用楠木茶色条屏，再加之迎风飘扬的各色酒旗、茶帘，古色古香，热闹非凡。逢一、六墟场日，竹木家具、瓜果菜蔬、黑炭木柴、时令小吃，处处摆摊设点，各条街巷熙熙攘攘，人满为患。南腔北调的叫卖声，迎来送往的谦让声此起彼伏，构成了里耶古镇商通四海的繁华景象。2006年5月，在里耶中孚街施工时，挖掘出了两个大秤砣，大的重8公斤，小的重6公斤，经文物专家鉴定，这两个铁秤砣是20世纪三四十年代铸造的，按秤砣重量推断，最大称量值可达800公斤，如此分量的称量衡器，只有在繁华的商埠才会使用。

里耶码头

里耶是酉水河上著名的货物集散码头，繁华热闹的街市是船工们自常德、沅陵、保靖起航后向往的天堂，“船到里耶码头脚，老板定要园水脚。船到里耶得一盘，老板定要烧拢岸，酒四两，肉半斤，迷迷糊糊看花灯”。在临近里耶时船工吼叫的号子，寄托了他们好多向往。园水脚是发工钱了，烧拢岸是老板感谢神灵护佑平安到达而举行的祭祀仪式，敬神的酒肉自然是船工们享受了。而“迷迷糊糊看花灯”的含义就更多了，当时一首打油诗也许道出了其中真情，“烟笼寒水月笼沙，水上灯火近千家。船夫爱歌妓院调，琴声伴唱女烟花”。但，这也从另一个侧面反映出了里耶的繁华。

前街、后街

里耶以酉水为界，分为前街和后街，水南为前街，水北为后街。外人为便于区别，将前街称为保靖里耶，后街称为龙山里耶。两里耶隔水相望，既相互依靠又相互竞争，每年一次的端午龙舟竞赛是两街一争高下的最佳时机。

里耶古迹

里耶的历史十分悠久，在周边5华里的范围之内，分布有战国、西汉、东汉三座城址和与之时代相对应的数以千计的古墓葬群。1996年5月，在龙山县里耶镇小学内，发现了面积达2万平方米的战国古城遗址，根据出土文物的时代特征，专家们初步认为这座古城可以分为建城前的聚落时、城池始筑时、城的使用时以及废弃时四个时间段，对应的历史时期分别为战国中晚期、战国末期、秦统治时期和西汉初年。

里耶古街巷

里耶秦代古城呈方形，残存面积约2万平方米，外围环绕着城濠和夯土城墙。里耶古城的北城墙和西城墙保存相当完整，

▲

里耶古护城河

城墙高2米，底部厚24米，系夯筑而成，墙两面护坡用大卵石垒砌。据考古专家对北城墙百米探方解剖得知，该城墙曾经楚、秦两代修筑，第一次是战国时期修筑的军事城堡，延续至秦汉才渐成形制。城内规划严谨，有生活区、作坊区、水井和整齐的街道。陶制的下水管道、建房用的木桩穿墙而过，排列有序。临南城门道两侧，发现排列有序面积不过20平方米的一些居址，专家们认为这类建筑应是当时的兵营。在古城墙外有6米宽、3米深的护城河，形成有城有池，固若金汤的防御格局。古城的发现，填补了湘西地区乃至全国秦汉时期古城、尤其是秦代古城考古的空白。由于秦王朝只有15年短暂的历史，文献记载不多，保留下来的遗址也很少，因此，里耶古城的发现就显得弥足珍贵。

今天的里耶古城，不仅有保存完好、迷宫式的青石板街巷、青砖黑瓦的马头墙和挤挤挨挨的吊脚木楼，也有柏油铺就、两边高楼林立的现代化大街。保护面积2.4万平方米，规划建设面积4.2万平方米，总投资1.13亿元的里耶古城遗址公园，直观地展现着秦朝时期的里耶历史原貌。占地面积3.6万平方米，总建筑面积7 200平方米，总投资1.2亿元的秦简博物馆，以录音、录像数字化声控光电的现代化方式解读和再现秦简上记载的历史事件。周边历史文化长廊、八面山山顶草原、酉水河两岸风光、长潭土家部落等历史、民族、人文、山水自然风光正迎接着世界各地游客的到来，里耶将再现历史的辉煌。

中国土家第一村
凌霄双凤舞老宅访古天下土家第
摆手踏歌颂神殿祈福民族文化逾千载

第九章
面向未来的土家族

武陵山若是桃花源，土家族已非秦时人。在西部开发、中部崛起相关政策的指导和扶持下，随着武陵山少数民族经济社会发展实验区的建设及武陵山片区区域发展与扶贫攻坚试点的开展，土家人将区域社会经济开发与发展相结合，突破行政区划限制，实行区域联合，积极开展生态资源开发与保护，实施文化产业发展与传统文化的传承和创新。古老而又年轻的土家族，将在实现中华民族伟大复兴的“中国梦”道路上，迎接光辉灿烂的明天。

吉首市电力桥全景图

当代国家战略与武陵山片区开发

土家族主要聚居地武陵山区是我国内陆跨省交界地区面积最大、人口最多的少数民族聚居区。它地处承东启西的重要地位，既是我国东部的大后方，又是西部的前沿阵地；既是四个省市界边区，又是少数民族聚居区；既是革命老区，也是贫困落后地区。它背靠云贵高原，俯瞰着洞庭湖平原、江汉平原、四川盆

地，是长江流域的重要生态安全屏障，战略地位十分重要。新中国成立以来一系列的重要建设，如“大三线建设”“长防林工程”“退耕还林”“中部崛起”“西部开发”等，无一不与武陵山区有着直接联系。武陵山片区开发，涉及国家经济转型而导致的本地经济格局的变化，涉及西部大开发和民族自治地方经济的发展，具有四省乃至全国一盘棋的战略意义。在当代国家发展战略部署上，武陵山片区是国家发展战略重点考虑的一个区域。

我国政府对少数民族边区经济发展的支持从新中国成立初始就十分重视。改革开放新时期以来，各种扶贫开发措施更是不断深化调整。1986年我国第一次大规模调整了扶贫开发政策，确定了开发式扶贫方针，划定了18个贫困片区共计273个国家级贫困

▲

天门山盘山公路

县。1994年，国家开始实施“八七扶贫攻坚计划”，第二次调整扶贫开发政策。国家级贫困县增至592个，扩大了扶贫开发地域。2011年6月5日，国务院下发了《关于印发兴边富民行动规划（2011—2015年）的通知》，确定了因地制宜、分类指导；突出重点、统筹兼顾；整合资源、强化投入；政策优惠、优先安排的基本原则。制定了基础设施进一步完善；边民生活质量明显提高；社会事业长足进步；民族团结、边防巩固、睦邻友好；沿边开发开放水平显著提升；特色优势产业较快发展等一系列发展目标。2011年11月29日，中央扶贫工作会议公布了《中国农村扶贫开发纲要（2011—2020年）》，确定了国家扶贫新战略的14个重点特殊片区共680个县，作为扶贫攻坚的主战场，对少数民族地区、边区实施连片扶贫开发。这一系列扶贫开发的规划与落实，都充分考虑了革命老区、民族地区和边境地区等因素，使更多的少数民族边区纳入其中。这些计划不仅涉及了武陵山区，甚至还为武陵山片区的发展制定了专门方案。2011年10月22日，国务院批复同意了湘、鄂、渝、黔四省市及国务院扶贫办、国家发改委、国家民委上报的《武陵山片区区域发展与扶贫攻坚规划（2011—2020年）》指出：

武陵山片区集革命老区、民族地区和贫困地区于一体，是跨省交界面大、少数民族聚集多、贫困人口分布广的连片特困地区，也是重要的跨省经济协作区。《规划》实施要深入贯彻落实科学发展观，按照“区域发展带动扶贫开发、扶贫开发促进区域发展”的基本思路，着力加强基础设施建设和生态建设，着力培育特色优势产业，着力改善农村基本生产生活条件，着力促进人力资源开发，着力发展社会事业，着力加快体制机制创新，将武陵山片区建设成为扶贫攻坚示范区、跨省协作创新区、民族团结模范区、国际知名生态文化旅游区和长江流域重要生态安全屏障。

在国家战略层面上为武陵山片区开发定下了基本思路。并要求四省市“要把连片特困地区扶贫攻坚与跨省合作协同发展有机结合起来”“要建立武陵山片区发展跨省协调机制，打破行政分割，发挥比较优势，实现资源共享、优势互补，促进交流合作”。从而达到“到2015年，区域内良性互动的运作机制与体制初步形成，以旅游业为重点的特色优势产业加快发展，交通等基础设施骨架基本形成，公共服务能力显著增强，生态环境质量得到改善，人民生活水平得到提高。到2020年，稳定实现扶贫对象不愁吃、不愁穿，保障其义务教育、基本医疗和住房；基础设施日趋完善，基本公共服务接近全国平均水平，生态系统良性循环，产业发展结构优化，区域一体化协调发展，率先实现连片特困地区区域发展与扶贫攻坚目标。”《武陵山片区区域发展

土家老街巷

与扶贫攻坚规划（2011—2020年）》为武陵山片区的开发提供了政策方面及与之相适应的资金配套方面的强有力支持，为武陵山片区经济飞跃发展奠定了坚实的基础。

社会经济发展路径与模式

武陵山区是我国18个贫困片区之一。近年来，在“西部大开发”“中部崛起”等各项政策的支持和拉动下，武陵山区经济落后的形势得到了一定的改变，有了长足的进步。但也应看到，这种经济发展，很大一部分是由国家基本建设的投入而带动的，而非传统经济的发展增长，这是一种拖带型的被动式发展。在国家经济转型带动下的武陵山土家族地区，如何适应因转型而产生的变化，通过转变发展方式促进本地经济发展的创新，是新时期应予重视的一个问题。

土家族聚居区分属于湘、鄂、渝、黔四省（市）的七个地、州、市，其核心区是两个自治州（共16个县）和19个单一或联合自治县。区域内缺乏强有力的经济增长极，贫困发生率高于全国平均水平，贫困程度深，贫困面大。2010年，人均地区生产总值9 163元，农民人均纯收入3 499元，仅相当于当年全国平均水平的33.7%和59.1%。区域内中心城市的带动作用薄弱，城镇化率比全国平均水平低20个百分点，是典型的“老、少、边、穷”地区。对于武陵山区的扶贫开发，有关专家及政府部门都提出了不少建议。宏观的如《连片特困区蓝皮书：中国连片特困区发展报告（2013）》认为，武陵山片区要实施经济地理重塑战略，优化空间布局。微观的具体建议如：设立武陵山片区县域发展基金；加快出台武陵山片区生态补偿政策；加大产业化扶贫投入；免除武陵山片区公益性项目配套资金；给予片区少数民族自治县享受“民族贸易县”政策；加大扶贫资金整合管理力度；国家层面组织结对建设扶贫等。这些建议是相关专家长期在武陵山区工作并深入调研后的切身感受，具有极强的针对性和可行性。

“把连片特困地区扶贫攻坚与跨省合作协同发展有机结合起来”是国家对全国贫困地区统筹安排的整体考虑。打破原有的行

政分割局限，建立“区域发展带动扶贫开发、扶贫开发促进区域发展”的跨省协调机制。

突破行政区划限制，实行区域联合，在中央的统一部署下正逐步展开。2011年11月15日，国务院扶贫开发领导小组在湖南省吉首市召开了武陵山片区区域发展与扶贫攻坚试点启动会，明确在武陵山片区内设立武陵山龙山来凤经济协作示范区，这是我国在少数民族地区建立的首个跨省协作区，标志着湖南省龙山县与湖北省来凤县一体化建设上升为国家发展战略成为现实。同处武陵山脉腹地的龙山县和来凤县，是土家族聚居区的核心区，两座县城隔酉水河相望，是我国相邻两县距离最近的县城，虽分属两省但被称为“一水双城”。近年两县坚持“资源整合、错位发展、优势互补、良性竞争”的原则，积极探索新的合作渠道和方式，不断拓宽合作领域。“交通同网”“旅游同线”“产业同步”“环境同治”“信息同享”的发展规划；“政策同等、发展同步、资源同享”的三同政策；“优化资源开发新配置、拓展经济发展新空间、打造率先发展新格局”的三新思路；“规划一体布局、产业一体发展、基础设施一体对接、公共服务一体优化、就业保障一体统筹、生态环境一体建设”的六个一体“融城”计划正积

▲

酉阳龚滩古镇

▲

茶洞古镇

极推进。龙山来凤经济协作示范区成为武陵山片区突破行政区划限制，实行区域联合，把连片特困地区扶贫攻坚与跨省合作协同发展结合起来的典范和缩影。全国唯一的跨省机场——铜仁·凤凰机场，于2008年11月，由湖南省湘西土家族苗族自治州与贵州省铜仁市、贵州机场集团公司两地三方达成了协议，按国内重点旅游机场标准进行改扩建。这也是突破行政区划限制，实行区域联合这种思维，在高端交通运输方面具体实施的湘黔协作范例。

突破行政区划限制，实行区域联合，各省已认识到了这一点。湖南龙山县里耶、八面、岩冲等乡镇合并，建立了副县级的里耶镇；湖北宣恩县沙道沟镇、沙坪乡实行乡镇合并，建立了宣恩县最大的沙道沟镇；重庆酉阳县老寨、五福、酉水、沙滩数乡合并成立了大溪镇等等，都是因认识到区域分割所带来的经济建设的弊端而采取的措施。被合并的这些集镇，历史上曾是地处交通要道的名镇、物资集散的中心，但因交通的变化，一些集镇失去了物资集散地的地位，能最大限度地集中财力，减少同一地域内不同行政建置的摩擦，增强古镇的活力，有利于经济中心的重建和古镇繁荣的复兴。省际边界间的行政区划合并虽然暂时还难

乾州新区
世纪大道

以实行，但经济协作则完全可以实现。在各省交界处，几乎都存在需绕道邻省才能将公路修进本省偏远村镇的状况。各省交界处的集镇，亦是各省物资汇集交流处，赶场边民的地域概念往往是某镇某乡，而非某省。人们因亲属、邻里的关系，或经济上的相互交往，普遍存在一损俱损，一利俱利的依存关系。突破行政区划的限制，实行区域的经济联合，才能实现共同进步与社会和谐，是武陵山片区经济发展的基准点。

生态资源开发与保护

“生态环境”是人类生存和发展的条件，是经济和社会发展的基础。“生态资源开发与保护”旨在保护生态环境，保证可持续发展战略决策的实现。武陵山片区生态资源开发与保护得到国家的高度重视。

2008年，国家环境保护部、中国科学院发布了《全国生态功能区划》公告（2008年第35号），把武陵山区列入全国重要生态功能区域。该区是东亚亚热带植物区系分布核心区，不仅有水杉、珙桐等多种国家珍稀濒危物种，同时还是国家一级保护野生

腾龙洞

动物华南虎等珍贵动物的栖息地。

2010年，国务院发布了《关于印发全国主体功能区规划的通知》（2010年46号）明确指出："武陵山区生物多样性及水土保持生态功能区，属于典型亚热带植物分布区，拥有多种珍稀濒危物种，是清江和澧水的发源地，对减少长江泥沙具有重要作用。"要求武陵山区"扩大天然林保护范围，巩固退耕还林成果，恢复森林植被和生物多样性"。

党的十八大报告郑重提出："加大自然生态系统和环境保护力度。良好的生态环境是人和社会持续发展的根本基础。要实施重大生态修复工程，增强生态产品生产能力，推进荒漠化、石漠化、水土流失综合治理，扩大森林、湖泊、湿地面积，保护生物多样性。"将"坚持节约资源和保护环境"列为了基本国策。这一系列政策的出台和决策的实施，是武陵山片区生态资源开发与保护得以实现的根本保证。

武陵山片区生态资源开发与保护的各项措施正逐渐得到落实，推进退耕还林、发展生态农业、建设生态公益林、治理水土流失等，是武陵山片区生态资源开发与保护的主要内容。各个保护重要生态功能区相继建立。依靠重要生态功能区的划分，"张家界地貌"遗迹保护工程，乌江、清江、沅水、澧水流域中上游治理工程，武陵源核心景区生态环境综合整治工程，武陵山区生物多样性保护工程，自然保护区建设工程，长江流域防护林体系建设工程，碳汇林业建设工程等逐步展开。

梵净山新金顶

在中央财政和省级财政资金的投入下，珍稀动植物得到全面保护、湿地恢复工程得以实施、公益林建设得以推进、生态旅游得以积极开展，提高了自然保护区对动植物及生态系统的保护能力。各项生态建设也有条不紊地开展，武陵山区各州、市程度不同的石漠化现象，通过实施石漠化综合治理工程，人工造林和封山育林，增加林草植被，有效遏制石漠化面积扩大，石漠化地区生态功能逐步得到恢复。“绿色行动”拓展工程的实施，推进了交通沿线、旅游景区、城镇周边和河流两岸绿化带建设。生态文明示范工程建设，推进了恩施、建始、五峰、长阳、新宁、洪江、绥宁、桑植、慈利、安化、黔江、酉阳、秀山、彭水、武隆、石柱等地低碳县（区）试点示范建设。开展碳汇交易与扶贫开发相结合试点，建立碳中性酒店，低碳经济得到发展。生态环境监督管理体系的实施，完善了世界自然遗产、世界地质公园、森林公园、自然保护区生态环境的监督管理，确保了自然遗产资源的永续利用，加强了生物多样性和地貌多样性保护。

在当前积极推进退耕还林、治理水土流失、维护长江流域生态安全的前提下，经济林的恢复和扩大种植，是武陵山片区生态资源开发与保护、脱贫致富并举的一个有效途径。

武陵山区的经济林当数油桐、油茶、乌桕、五倍子等。我国的油桐、油茶主要生产地是武陵山区，油桐的种植与加工，历史上曾为国内最大的生产区，各集镇的经济繁荣与否，常常与桐油贸易紧紧联系在一起。

古丈大寨全景

酉阳县是全国同油、乌桕生产重点县，年产同油500吨、乌桕2 500吨，是当地主要产业之一；桑植县同油生产“1936年总产量达到2.6万担，合130万公斤”。乌桕种植曾被列为全省乌桕生产重点县，种植面积达31 160亩。但因工厂化植物油的生产，调和食用油取代了单纯茶油，品牌化工油漆取代了土漆，武陵山区油源性经济林基本上已处于破败凋敝之中。

桐油是开发生物柴油的主要能源植物。在我国石油天然气资源相对不足、国际石油市场波动频繁、油价高企振荡的形势下，国家把发展可再生能源摆到了能源发展战略的重要位置，确定了全国能源林培育规模为1 230万公顷，其中油料能源林330万公顷的计划。

传统文化的传承与创新

民族文化是各民族在其历史发展过程中创造和发展起来的具有本民族特点的文化，包括物质文化和精神文化，反映着该民族历史发展的水平。每个民族的文化都有其独特的创造性和不同于其他民族的特有价值，都是一个不可重复的、不可替代的独立生成体系。

土家族文化作为民众文化心理结构的一种外化形态，直接产生于民间百姓的日常生活，展示着本地区的民间生活原貌，承载着本民族的情感愿望、生活态度及价值信念，是土家人审美心理与审美活动的历史积淀，具有典型的本民族的特征。首先，土家族文化具有原生性特征。毛古斯是舞蹈界和戏剧界公认的中国舞蹈及戏剧的最远源头和活化石，从其服饰、道具到表演形式、表演内容，毛古斯真实地再现了父系社会时期的生活情景。2006年即列入第一批国家级非物质文化遗产名录。其次，土家族文化具有原创性特征。摆手舞是土家族人缅怀祖先、追忆民族迁徙的艰辛、再现田园生活的舞蹈史诗。从史料记载来看，与商末武王伐纣“歌舞以凌殷人”的巴渝舞有着传承关系，历史长达数千年。最主要的特征是舞蹈步伐均是甩同边手，其原创性是迄今其他民族所不具备也难以模仿的。第三，土家族文化具有综合性特征。在土家族“舍把日”上，其艺术表演是歌、舞、剧三者的结合，缺一不能称为“舍把日”。而就其中的剧——毛古斯的表演而言，既是舞蹈，又是戏剧，中间还有器乐与歌唱表演，多种艺术形式兼而有之。第四，土家族文化具有大众化特征，民众参与性高，既是观众也是演员。“舍把日”参与者可达数万人，古人赞之为“红灯万盏人千

永顺双凤村

▲

打溜子

叠”，众人“披五花被锦帕首，击鼓鸣钲，跳舞唱歌，竟数夕乃止”。生者娱乐如此，纪念逝者亦如此。“跳丧”仪式歌舞，土家语称之为“撒尔嗬”。土家山寨里一旦有享尽天年的老人去世，吊唁奔丧者不邀而至，俗称为“人死众家丧，大伙儿都拢场，一打丧鼓二帮忙”。吊唁的形式是在死者灵前空地上置一只牛皮大鼓，一人掌鼓，两人或四人相邀入场，踏着鼓点，边歌边舞。围观者也和拍接歌，一对一对自由组合接替入场，通宵达旦，以此怀念故人，安慰生者。这些特征在土家族历史发展中得到了代代传承，并成为文化产业发展创新的基础。

以湖北长阳土家族自治县民族风俗为题材的《土里巴人》，在土家族文化产业发展与创新中走在了前列。土家族传统婚俗内容十分丰富，其中许多内容体现了土家民族高尚的情操、健康的精神风貌、积极的人生追求。《土里巴人》就以土家族婚俗中“哭嫁”“找摸米”等主要内容为题材，对其进行提炼加工，以雅文化形式表现俗文化，用系列舞蹈剧的形式，展现土家族婚俗全过程。整个舞蹈剧洋溢着热情、喜悦之情，表达了土家人对美好生活的追求。获得了中宣部1999年“五个一工程”奖和第五届中国“文华大奖”。成为民族传统文化创新的一个成功范例。

知识链接 **找摸米** 摸米是迎娶新娘时背床上用品的小伙子，他的责任是先把这些物品送至新郎家铺好床，即先行者之意。新娘家的年轻姑娘就要刁难他，用锅烟灰抹他脸，阻碍他先行。但摸米是谁，姑娘们并不知道，就要寻找，结果是迎亲的小伙子几乎都会被抹上锅烟成为大花脸，但真正的摸米往往凭机智躲避掉。俗语说：摸米脸上没有黑，新郎姑爷好角色；夫和妇顺全家福，家发人兴创大业。

恩施土家族苗族自治州腾龙洞景区的《夷水丽川》是以土家族文化为素材的大型原生态情景歌舞，剧场在号称亚洲第一的腾龙洞旱洞内，天然穹隆型溶洞大厅舒适地安置1 200个座位。溶洞壁就是巨型投影幕，环境奇特的喀斯特自然溶洞配合时尚、现代化的灯饰系统，给人一种神秘与神奇的环境氛围体验。《夷水丽川》以“焚香祭祖”“白虎雄风”“巴裔风情”“龙船古韵”“鼓鸣舍巴”五个篇章，艺术地再现了巴人祖先廪君带领土家族先民在西迁过程中与大自然搏斗的艰辛历程和勇往直前的奋斗精神，以及土家族浓郁古朴的风土人情。节目中的灯歌、肉连响、织锦、摆手舞、哭嫁、八宝铜铃舞都是国家级非物质文化遗产，以灯光布景和实物布景展现的土家吊脚楼、风雨桥、筒车、西兰卡普、石碓石磨、老水牛等生活实景，让游客身临其境。而观众直接参与互动的山歌对唱、选新郎、拜堂、抛香包更让人欢呼雀跃兴奋不已。

张家界市的土家族文化产业发展与创新硕果迭出。《天门狐仙》《魅力湘西》《烟雨张家界》《梯玛神歌》《西兰卡普》等几台大戏，将土家族非物质文化遗产摆手舞、毛古斯、打溜子、桑植

阳戏

民歌与民俗赶尸、梯玛神功、傩戏表演等融合一起，再加以艺术化加工，配以现代化的尖端灯光音响，或以高山峡谷为自然背景大舞台、或建造精致舒适的大剧院，再加以观众互动参与的形式，震撼地将土家族传统文化展现在游客面前，取得了经济与社会效益的双丰收。年度总产值突破4亿元，接待观众超200万人。短短十余年时间，张家界旅游演艺业从最初的“小打小闹”，逐渐演变成颇具行业竞争力的新兴产业，并进入高速稳定的发育期，被誉为张家界旅游“延伸的美景”。

土家族文化产业发展与创新，将非物质文化遗产、世界文化遗产、世界自然遗产结合起来，多方位多角度地充实了自然风光旅游内涵。风情习俗因满足了现代旅游者倦于城市喧嚣、重觅山乡野趣的企盼而释放出强大的旅游效能。

幸福土家族：“中国梦——土家梦”

公元前206年，汉高祖刘邦建立西汉之初，即将秦朝的黔中郡改名为武陵郡。迄今人们虽然仍无法确定其郡是因山得名，还是其山因郡而得名，但“武陵”之名却世代沿袭了下来。西汉至

高速公路进土家山寨

土家族
打溜子

唐代历960余年的武陵郡、隋朝始立的武陵县、今天依然使用的武陵区、世界自然遗产武陵源等，这一脉相承的行政区划之所以都不舍不弃地使用“武陵”这个名，是因为它寓意着“祥和”。

世外桃源的武陵山是美丽的！这里是“大自然的迷宫”和“地球纪念物”的保存地。几乎没被扰动的原始自然状态的生态环境与生态系统，包容了砂石峰林、谷沟壑障、方山台寨、天桥石门、岩溶洞穴、泉水瀑布、溪流湖泊等千姿百态、变幻莫测的地貌景观及沉积蚀造、地层剖面、生物化石等丰富多彩的地质遗迹，造就了梵净山、壶瓶山、八大公山等国家自然保护区的山；造就了清江画廊、乌江画廊、猛洞河漂流的河；造就了仙人溪、金鞭溪、小溪的令人心悸的水；造就了芙蓉洞、黄龙洞、九龙宫等被誉为中国最美的洞。留下了武陵源、武隆等世界自然遗产；留下了张家界世界地质公园和众多的国家地质公园。这里还有溪州铜柱、老司城遗址、大水井古建筑群等40多处全国重点文物保护单位及桑植民歌、民间故事、梯玛歌、薅草锣鼓歌、打溜子、摆手舞、撒尔嗬、毛古斯、傩愿戏、花灯戏、目连戏、恩施扬琴、南曲、挑花、土家织锦、蓝印花布等60多项国家级非物质文化遗产。中国第一个国家森林公园、中国第一批世界自然遗产、中国第一批国家地质公园、中国第一批世界地质公园、中国第一批国家级重点风景名胜区、中国第一批优秀旅游城市、中国第一

▲

桑植县城全景图

批国家5A级旅游区均与武陵山有不解之缘。1985年初，时任中共中央总书记的胡耀邦将这一批美不胜收的绝景题名为“武陵源”。1992年12月，联合国教科文组织世界遗产委员会批准将武陵源作为世界自然遗产列入《世界遗产名录》，在《国际自然与自然资源保护联盟技术评价报告》中指出：“武陵源在风景上可以和美国西部的几个国家森林公园及纪念物相比。武陵源具有不可否认的自然美。因她拥有壮丽而参差不齐的石峰、郁郁葱葱的植被以及清澈的湖泊、溪流。”

武陵人以重恩义而名垂于世，晋代常林《义陵记》云：“项羽弑义帝于郴，武陵人缟素哭于招屈亭，高帝闻而义之，故曰义陵郡。”武陵郡因武陵人的恩义而改名为义陵郡。土家族继承了武陵人感恩重义的传统，知恩必报。

土家族不会忘记，在新中国成立之初，仅仅一个普通的毕兹卡女儿一句“我是毕兹卡，是土家”朴实的话语，竟然得到了国

家领导人的高度重视。为了土家人的温饱，在新中国成立之初国家在经济极其困难的局面下，减免了应征的公粮。为了这个少数民族的新生，在全国人大、全国政协、国家民委和省、州的全力支持下，数十位专家学者不辞劳苦，出入深山进行调查，将土家人的语言、族源、历史、风俗习惯等进行了科学的论证。数百人的慰问团进入土寨，倾听土家人的诉求。各级行政部门主持一个个论证会，申请报告几上几下，多方斟酌核实。一个历史悠久而伟大的民族，由此而得到再生，昔日的“土蛮子”成为了土家族，成为中华民族大家庭中的正式成员。并相继建立了自治州、自治县，实现了民族区域自治。

土家族不会忘记，在改革开放的初期，时任中共中央总书记的胡耀邦进入了湘西土家族苗族自治州考察。在他的关心下，湘西土家族苗族自治州农业税自1984年起减免五年；农牧渔业部和湖南省联合投资的吉首丹青、泸溪麻溪口、龙山八面山的草食畜牧业基地于1984年全面建立；国家投资扶贫款在湘西州兴建的69处人畜饮水工程于1985年建成，解决了长期存在的高寒山区人畜饮水的困难问题。

土家族不会忘记，在进入20世纪之后，为了协调渝鄂湘黔四省市毗邻地区发展，国家战略层面的“武陵山经济协作区”得以成立，并进而实施了“将武陵山片区建设成为扶贫攻坚示范区、跨省协作创新区、民族团结模范区、国际知名生态文化旅游区和长江流域重要生态安全屏障”的连片扶贫开发的《武陵山片区区域发展与扶贫攻坚规划》，奠定了土家族生活的武陵山区脱贫致富的基础。

土家族更不会忘记，2013年11月3日至5日，现任中共中央总书记习近平来到湘西考察。他走进柚子林里摘柚子、揭开贫困户的米缸盖子看粮食、到猪圈里看老人养的猪。他强调贫困地区要因地制宜，从实际出发，把种什么、养什么、从哪里增收想明白，帮助乡亲们寻找脱贫致富的好路子。体贴入微的关心让土家族儿女永铭心怀。

浦市之晨

矮寨大桥

在土家族人民的脑海中，将永远回响着2012年11月29日中共中央总书记习近平在带领新一届中央领导集体参观中国国家博物馆“复兴之路”展览时，提出的实现中华民族伟大复兴的“中国梦”，这是中华民族近代以来最伟大的梦想。“中国梦”的含义就是实现国家富强、民族复兴、人民幸福。它深刻地道出了中国近代以来历史发展的主题主线。它深情地描绘了近代以来中华民族生生不息、不断求索、不懈奋斗的历史。它承载着亿万人民的梦想和重托，将伟大的构想化为美好的现实。习总书记在阐释中华民族伟大复兴的中国梦时，多次提到“实现中国梦必须凝聚中国力量。这就是中国各族人民大团结的力量。中国梦是民族的梦，也是每个中国人的梦。”土家族儿女将紧密团结在以习近平为总书记的党中央周围，为实现中华民族伟大复兴的“中国梦”而努力奋斗。

参考文献

1. 陈廷亮，彭南均．土家族婚俗与婚礼歌．北京：民族出版社，2005

2. 黄伯权．历史的见证：土家族确认前后．湖北民族学院民族研究所，1999

3. 贾绍兴．酉水船歌．西宁：青海人民出版社，2007

4. 金述富，彭荣德．土家族仪式歌漫谈．北京：中国民间文艺出版社，1989

5. 刘能朴．梯玛．北京：中央民族大学出版社，2009

6. 龙泽瑞，向熙勤．中国土家族牛角腔民歌选．北京：民族出版社，2006

7. 罗维庆，罗中．土司制度与彭氏土司历史文献资料辑录．北京：民族出版社，2014

8. 罗维庆，罗中．獸部东迁与土家族的定型．民族史研究（第8辑），北京：中央民族大学出版社，2008

9. 罗维庆．武陵山民族研究文论．长沙：湖南师范大学出版社，2012

10. 马翀炜，陆群．土家族——湖南永顺县双凤村调查．昆明：云南大学出版社，2004

11. 潘光旦．湘西北的“土家”与古代的巴人．中央民族学院民族研究所，1984

12. 彭勃，彭继宽．摆手歌．长沙：岳麓书社，1988

13. 彭继宽，彭勃．哭嫁歌．长沙：岳麓书社，1993

14. 彭继宽．湖南土家族社会历史调查资料精选．长沙：岳麓书社，2002

15. 彭剑秋．中国土家族民居．香港：天马出版有限公司，2010

16. 彭剑秋．中国土家族民居．永顺县民族事务局内部资料，2010

17. 彭荣德．土家女儿做新娘．北京：中国民间文艺出版社，1989

18. 彭荣德，王承尧．梯玛歌．长沙：岳麓书社，1989

19. 彭武文．中国古铜柱铭文通论．长沙：岳麓书社，2009

20. 彭武一．湘西溪州铜柱与土家族历史源流．北京：中央民族学院出版社，1989

21. 彭秀模．叚孳考．吉首大学学报，1991（4）

22. 彭英子．土家源．龙山县民族事务局内部资料，2008

23. 谭徽在，胡祥华．土家女儿田心桃．北京：民族出版社，2009

24. 谭其骧．长水集．北京：人民出版社，1987

25. 田荆贵. 中国土家族历史人物. 北京：民族出版社，1993

26. 王承尧，罗午. 土家族土司简史. 北京：中央民族学院出版社，1991

27. 阳盛海. 湖湘文库：湘西土家族历史文化资料. 长沙：湖南人民出版社，2009

28. 张子伟，唐方科，陈廷亮，刘能朴等. 湘西土家族毛古斯舞. 长沙：湖南师范大学出版社，2011

29. 张子伟. 湘西土家族还土王愿. 长沙：湖南师范大学出版社，2012

30. 中国人民政治协商会议四川省石柱土家族自治县委员会文史工作委员会. 石柱土司史料辑要. 内部资料，1994

图片提供者

（按姓氏音序排列）

卢瑞生
封面
第83页
罗维庆
第18页
第44页
第45页
第62页
第72页
第80页
第92页
第102页
第106页
第111页
第117页
第118页（上）
第121页
第122页
第129页
第134页
第135页
第136页
第139页
第149页
第152页
第153页
第154页
第156页
第158页
第159页
第160页
第161页
第162页
第163页
第166页
第174页
第178页
第186页
第187页
第191页
田心桃
第3页
第4页
第5页
第6页
袁立新
第83页
张保军
第28页
第29页
第197页
张建强
第64页
张谨
封面
张五一
第15页
第16页
第19页
第20页
第21页
第22页
第23页
第24页
第25页
第26页
第30页
第31页
第32页
第33页
第35页
第36页
第38页
第40页
第42页
第43页
第46页
第47页
第49页
第50页
第52页
第54页
第55页
第56页
第58页
第59页
第60页
第65页
第66页
第67页
第68页
第69页
第70页
第73页
第74页
第76页
第79页
第86页
第88页
第89页
第90页
第91页
第93页
第94页
第96页
第97页
第99页
第100页
第103页
第104页
第108页
第112页
第113页
第114页
第115页
第116页
第118页（下）
第119页
第120页
第123页
第124页
第125页
第126页
第128页
第130页
第131页
第133页
第138页
第142页
第144页
第146页
第148页
第150页
第164页
第168页
第169页
第170页
第172页
第176页
第179页
第181页
第182页
第184页
第185页
第188页
第189页
第190页
第192页
第194页
第195页
第196页
第198页
第200页
封底

后记

这本书是两代人接力合作的结果。当辽宁民族出版社向中央民族大学历史文化学院彭武麟教授约稿之时，作为土家族的一员，他爽快地应承下来，并马上着手本书章目的编写。后因他教学科研任务过于繁忙，无暇他顾。当时正在中央民族大学哲学与宗教学院读博即将毕业的我，接过了这一撰写工作。因有彭教授的编目基础及其指导，再加之在中央民族大学本科、硕士、博士十年学习的所得，更重要的是身为土家族的我，过去三十年生活中耳闻目睹的亲身经历，土家人写土家事，使本书的完成较为顺利。虽如此，心中还是惶惶不安：分布于湘鄂渝黔四省市、人口众多、历史悠久的土家族，这仅仅十余万字的文字和图片，要将其具有代表性的政治、经济、文化等方面逐一展现出来，显然会有所遗缺。在事件的举例之时，因亲身经历的缘故，所涉地域也许有所疏密，不能不说尚有遗憾之处。但聊以自慰的是，虽是粗线条的勾勒，呈献给读者的却是一个真实的毫无粉饰的朴直的土家族。

在本书即将付梓之际，我诚挚地感谢彭武麟教授所做的章目编写最基础的工作；诚挚地感谢吉首大学武陵山研究院罗维庆副研究员提供的大量文献资料；诚挚地感谢湘西土家族苗族自治州团结报社摄影部主任张谨、湘西石油公司张五一、广铁集团公司张家界工务段张保军诸位先生无私地提供了照片。我更要感谢辽宁民族出版社让人们真切地了解到我血脉所在的土家族，更要感谢李璜责任编辑付出的辛勤工作。正因为他们的共同支持，促成了本书的最后完成。

罗　中

2014年12月7日